Jörg Zirfas | Vom Zauber der Rituale

Rituale bestimmen, gliedern und ordnen unseren
Alltag, sie begleiten uns von der Wiege bis zur Bahre.
Sie sind allgegenwärtig und reichen von einfachen
Formen der Höflichkeit über Rituale wie Weihnachten, Geburtstage oder Nationalfeiertage bis hin zu
politischen Inszenierungen und liturgischen Zeremonien. Der Philosoph Jörg Zirfas verdeutlicht den
ethischen und ästhetischen Gehalt von Alltags-
ritualen und entschlüsselt deren symbolischen und
mythologischen Hintergrund.
Unterhaltsame und lehrreiche Essays über die Rituale
des Alltags.

Jörg Zirfas, geboren 1961, Privatdozent an der Uni-
versität Erlangen und an der Freien Universität Berlin.
Letzte Veröffentlichungen bei Reclam Leipzig:
Lexikon der Lebenskunst (RBL 20015) und als
Herausgeber: *Zum Glück. Wege und Umwege*
(RBL 20080).

Jörg Zirfas

Vom Zauber der Rituale

Der Alltag und seine Regeln

RECLAM
LEIPZIG

Besuchen Sie uns im Internet:
www.reclam.de

© Reclam Verlag Leipzig, 2004
Reclam Bibliothek Leipzig, Band 20097
1. Auflage, 2004
Reihengestaltung: Gabriele Burde | Kurt Blank-Markard
Umschlaggestaltung: Simin Bazargani unter Verwendung einer von
Lepkowski fotografisch dokumentierten Installation von Renate An-
ger und Karla Woisnitza mit dem Titel »Sprelacart« (Konvergenzen 5),
Berlin 1991. © VG Bild-Kunst, Bonn 2003
Fotografie des Autors auf der 4.Umschlagseite: privat
Gesetzt aus ITC Slimbach
Satz: Reclam Verlag Leipzig
Druck und Bindung: Reclam, Ditzingen
Printed in Germany
ISBN 3-379-20097-2

Für Ulrike

Inhalt

Malaisen, Miseren, Krisen, Katastrophen

Einführung

Rituale: Von der Wiege bis zur Bahre

Wozu brauchen wir Rituale? Eine müßige Frage, so möchte man glauben. Rituale bestimmen unseren Alltag, strukturieren unsere festlichen und feierlichen Anlässe und begleiten uns in Krisen und bei Katastrophen. Mit einem Wort: Rituale sind allgegenwärtig. Sie reichen von einfachen Interaktionsformen über zwischenmenschliche Höflichkeiten, feierliche Veranstaltungen und politische Inszenierungen bis hin zu magischen Praktiken und liturgischen Zeremonien. Seien es Übergangsrituale, die uns bei Geburten, Hochzeiten und beim Begräbnis den Weg weisen, seien es jahreszeitlich bedingte Rituale wie Weihnachten, Geburtstage oder Nationalfeiertage, die unserem Leben einen Rhythmus geben, seien es Rituale, die uns intensiver leben lassen, wie Feiern oder Liebesriten, seien es die kleinen und die großen Widerstandsrituale, die uns in der Jugend und in Friedens- und Ökobewegungen auf die vergessenen Seiten der Gesellschaft aufmerksam machen oder seien es schlichte alltägliche Gesten wie Begrüßungen und Verabschiedungen, die uns den anderen spüren lassen – Rituale sind elementare Bausteine des individuellen, sozialen und kulturellen Lebens. Sie begleiten uns buchstäblich von der Wiege bis zur Bahre.

Wenn man einen Blick auf die etymologische Bedeutung des Begriffs Ritual wirft, so ergibt sich ein sehr enger Zusammenhang zu Vorstellungen von sozialer und kosmischer Ordnung. So ist das lateinische »ritus« eng verbunden mit einer vorgeschriebenen Ordnung und hierin eng verwandt mit den griechischen Formen »ararisko« (harmonisieren, anpassen) und »arthmos« (Verbindung). Die Wurzeln dieser Begriffe wiederum stammen ab vom indoeuropäischen »rta« und »arta«, das auf die Verbindung von Göttern und Menschen hinweist. Folgt man diesen Hinweisen, so schaffen Rituale eine Ordnung zwischen den Menschen und zwischen den Menschen und den Göttern. Und diese Ordnung hat es in sich: Sie ist symbolisch und körperlich, regelhaft und effizient. Sie ist durch kontingente kulturelle Praktiken entstanden und wirkt doch vollends natürlich. Sie macht die Ritualteilnehmer zu Erfüllungsgehilfen unsichtbarer Mächte und macht doch gleichzeitig diese Mächte gerade von diesen Gehilfen abhängig. Die rituelle Ordnung kann bewusst vollzogen werden, funktioniert aber unbewusst vielleicht noch besser. Sie ist ein Modell von der und für die Welt. Sie beeinflusst die Wahrnehmung der Welt und das, was wir für gut und richtig erachten. So wie es ist, war es gut, und es soll dementsprechend auch weiterhin so sein. Rituale sind paradoxe Inszenierungen. Sie versuchen, eine zufällige Ordnung mit Hilfe der Erinnerung an Traditionen oder im Rahmen von mythologischen Erzählungen als heilig und natürlich darzustellen; sie versuchen widersprüchliche symbolische Welten wie Leben und Tod, zum Beispiel beim Begräbnis, in ein Handlungsschema zu integrieren. Rituale sind zeitlich limitiert – Feste gehen zu Ende, Zeremonien hören auf – und beanspruchen doch überzeitliche Geltung; sie versprechen Brüderlichkeit und praktizieren Teilungen.

Wie auch immer – Rituale sind konstitutive Elemente des alltäglichen Lebens. Sie ermöglichen eine Balance zwischen Stabilität und Wandel, sie bilden den sozialen Rahmen für Einheit, Zusammenhalt, Intimität, Gemeinschaftlichkeit, Solidarität und Integration. Sie dienen der Orientierung und der Identitätsbildung ebenso wie der Verhaltens- und Traditionssicherung. Allerdings haben sie auch ihre Schattenseiten, denn die Stabilität kann in Zwang umschlagen, die soziale Einheit zur Diktatur mutieren, die Orientierung und Identitätsbildung zur Festlegung führen, die Verhaltens- und Traditionssicherung zum sinnentleerten Mechanismus werden.

Der Alltag ist das unbewusste System von Wiederholungen,

die Vergleichgültigung des Wesentlichen oder auch die selbstverständliche Sinngebung durch rituelle Handlungen. Diesem Alltag entkommt man nie so ganz, denn seine Rituale erteilen uns als stumme Befehlshaber immer noch ihre Anweisungen, auch wenn wir meinen, ihn längst hinter uns zu haben. Der Alltag hat kein Ende, weil er immer schon da ist, und weil er auch im Außeralltäglichen darauf beharrt, dass man selbst seine selbstvergessenen Regeln befolgt. Daher soll hier noch ein Aspekt hervorgehoben werden, der obgleich vielfach unsichtbar, in allen Ritualen und Ritualisierungen gleichwohl eine Rolle spielt: Rituale halten die Uhr an und stellen die Zeit still. Sie bewahren uns im Alltag davor, dass uns das Leben mit seinen vielen Problemen zu nahe kommt. Aber Rituale ermöglichen auch die Erfahrung einer besonderen, intensiven Zeit. Diese Erfahrung wird oftmals durch die Formen der Inszenierungen und die Möglichkeiten kollektiver Erregungszustände enorm gesteigert. So wird durch die dramatische räumliche und zeitliche Verdichtung ritueller Veranstaltungen eine intensive Form von gemeinsamer Realität inszeniert, die den Gedanken nahe legt, dass man an der Ewigkeit teilhat. Rituale halten die Zeit an und vermitteln in diesem Sinne ein Gefühl von Unsterblichkeit, weil sie festzuhalten versuchen, was im Schwinden begriffen ist, nämlich das Leben. Anders gesagt: Rituale lassen den Tod vergessen.

Feiern und Feste

Der Tag der Geburt

Der Geburtstag ist dasjenige Fest, das uns ein Leben lang begleitet. An diesem Tag gibt es in der Regel einen liebevoll gedeckten Tisch, es gibt Blumen und Kerzen, Geschenke und Lieder werden vorgetragen, wie das altmodische »Viel Glück und viel Segen«, das sentimentale »Wie schön, dass du geboren bist« oder das modernere »Happy Birthday«. Dieser Tag ist auf die Wünsche und Bedürfnisse des Geburtstagskindes abgestimmt, es steht im Mittelpunkt. Und den Kindern unter den Geburtstagskindern muss man immer wieder die Frage beantworten, wie »alles« angefangen hat. Wie ist die Schwangerschaft verlaufen? Wie war das, als ich auf die Welt gekommen bin? Warum habe ich diesen Namen? Fotos werden herausgekramt, um zu rekapitulieren, wem man damals ähnlich sah – und immer noch ähnlich sieht: die Nase von der Oma, das Kinn vom Onkel oder: »ganz der Vater«. Wir pusten an diesem Tag die Kerzen auf der Geburtstagstorte aus und glauben vielleicht immer noch, dass wir damit die bösen Geister vertreiben und die guten anlocken können und dass alle Wünsche in Erfüllung gehen, wenn es uns gelingt, alle Kerzen auf einmal auszublasen. Ob man nun Kindergeburtstage, Jugendfeten, Erwachsenenfeste und Seniorenfeiern, ob man die alljährlichen oder auch die besonderen Anlässe nimmt wie den 1., den 18., den 40., den 50. oder den 75. Geburtstag, oder auch die runden und die Schnapszahlen-Geburtstage – kein Fest feiern wir so oft wie den Geburtstag, doch was und warum feiern wir?

Feiern wir die Tatsache, dass wir geboren worden sind, oder feiern wir die Tatsache einer bestimmten Zugehörigkeit zu einem Namen, einer Familie, einer Klasse, einer Nation oder einer Religion, zu einer Identität oder Biografie? Dient der Geburtstag der Erinnerung an den Tag der Geburt, den Eintritt in das spezifisch menschliche Dasein, oder bietet der Geburtstag den Anlass dafür, den Stand der Dinge festzustellen und Bilanz zu ziehen? Ist der Geburtstag die rituelle Gelegenheit, sich über das Kommende zu verständigen und neue Lebensziele in den Blick zu nehmen? Oder feiern wir vor allem den Geburtstag des anderen, um den Wert seines Daseins für uns hervorzuheben?

Natürlich sind Geburtstage Erinnerungsveranstaltungen, die dazu dienen, sich der aktuellen Lebensbilanz zu versichern und eine Antizipation zukünftiger Lebensmöglichkeiten vorzunehmen. Geburtstage sind aber auch komplexe soziale Geschehen: Nicht nur der erste Geburtstag, doch dieser vielleicht am meisten, macht deutlich, dass das Auf-die-Welt-Kommen ein sozialer Akt ist, der sich unmittelbar zwischen Mutter und Kind abspielt. Der soziale Grundzug des Geburtstags kommt auch dahingehend zum Ausdruck, dass wir mit anderen Menschen – in der Regel mit Verwandten und Freunden, mit Nachbarn, Kollegen und Schulkameraden – diese Feier begehen. Die Geburt vergegenwärtigt, dass wir relative Wesen sind, und zu keiner Zeit ein absolutes Eigendasein haben. Gerade das Gebären und das Geburtsgeschehen verweist auf die soziale Grundbefindlichkeit des Menschen, auf das Aufeinanderangewiesensein und die Wechselwirkungen der Menschen untereinander. Diese Tatsache kommt im Begriff der »Entbindung« zum Ausdruck. Die erste soziale Situation *vor* der Sprache und der leiblichen Interaktion ist die Geburt, die die Mutter vom Kind »befreit« und dieses dem Ungewissen ausliefert. Dabei kann man die soziale Bedeutung des Geborenen vor allem mit dem Neuen selbst in Verbindung bringen, mit der Idee, dass durch den Neugeborenen etwas ganz Anderes und Unerwartetes in die Welt kommt. So spricht etwa schon Vergil davon, dass mit jedem neuen Menschen die Hoffnung verknüpft ist, dass die »große Ordnung der Zeiten neu entspringt«.

Oftmals beginnt die neue Zeit, die neue Identität – analog zur Geburt des Menschen – mit der Verleihung des vollen Namens. Die Geburt ist häufig auch der Tag der Namensgebung und in vielen Kulturen ist der Akt der Namensgebung die eigentliche Geburt des Menschen. Der Name definiert die soziale Rolle des Geborenen in der Gesellschaft, konstituiert seine familiäre Identität und bestimmt seinen zukünftigen Lebensplan: *nomen est omen*. Der Name eines Menschen ist ein Symbol, das die Einmaligkeit des Individuums ebenso ausdrückt, wie es dessen soziale Seite betont, denn weder gibt man sich den Namen selbst, noch gibt es ein Ich vor dem Namen oder ist ein Ich ohne einen Namen denkbar, der diesem Existenz und Personalität verleiht. In den meisten Kulturen zeigt der Name den Geschlechtsunterschied an; häufig – und auch noch heute – haben Namen einen religiösen Hintergrund, in dem sich die unterschiedlichen Beziehungen zu Heiligen, zur Religionsgemeinschaft oder zu Gott widerspiegeln. In diesem Sinne ist die Verleihung des Namens ein performativer Akt, der in seinem Modus die Gottbezüglichkeit des Menschen ebenso offenbart (Jesaja 55, 6; Römer 10,13), wie die göttliche Beziehung zu den Menschen (2 Samuel 6,2; 12, 28). Namen – heilige oder profane – verleihen ihrem Träger von Geburt an bestimmte Eigenschaften, Verhaltensweisen und Beziehungsformen, die als typisch weiblich, typisch männlich, als kulturell wertvoll, milieuspezifisch »in« oder für die Familie bedeutsam erscheinen. Das Rufen der Namen macht diese Vorstellungen immer wieder präsent.

Neben dem temporalen und sozialen Aspekt sollte auch das transzendentale Moment der Geburt Beachtung finden. Dieses Moment bezieht sich auf die Bedingungen, die mit der Geburt verknüpft sind. Die Geburt als Beginn des menschlichen Lebens kann als die Chiffre für den Anfang des Anfangenkönnens verstanden werden: »Ut initium esset, homo creatus est«, damit ein Anfang sei, ist der Mensch erschaffen worden, heißt es bei Augustinus. Die Bedeutung des Geburtstags, so lässt sich vermuten, hängt mit diesem Gefühl für das Anfangenkönnen zusammen. Denn die Kindheit ist die Zeit des Anfangens, die Zeit der Offenheit, die Zeit für Erfahrungen, Neugier und Staunen, die Zeit der Unmittelbarkeit und der Fantasien. Selbst der achtzigjährige Großvater ist am Geburtstag ein Kind, nämlich ein »Geburtstagskind«. Der Geburtstag als ausgelassener fröhlicher, ja dionysischer Kindergeburtstag wie als betulicher, ernster, apollinischer Geburtstag des Erwachsenen ist eine Reminiszenz an diese Zeit. Die Vergewisserung der eigenen Anfänge bringt die Gewissheit, dass unser Anfang immer schon Angefangensein bedeutet. Unseren Anfang haben wir immer erst nachträglich und in den Geschichten der anderen. Daher sind wir, um etwas über Ursprünge erfahren zu wollen, auf Erzählungen angewiesen; wir sind geradezu in Geschichten von Anfängen verstrickt. Wir beginnen in den Geschichten der Eltern, die uns unseren Anfang weitergeben. Wir fangen also irgendwo an, jedenfalls nicht an *dem* Anfang. Unser Leben lässt sich somit als Prozess eines immer schon Angefangenseins und des mittendrin Weitermachens begreifen.

Und natürlich kann man hier noch weitergehen und einige tiefe anthropologische Fragen stellen: Ab wann ist man ein Mensch? Ist man es schon als Zygote, oder im embryonalen Stadium, oder muss man bis zum Fötus oder voll entwickelten Kind warten? Oder sind wir dann erst Menschen, wenn wir gewisse Kriterien des Kataloges für die Bedingungen des *homo sapiens sapiens* erfüllen, also: Selbstbewusstsein, Intelligenz, Zeitbewusstsein etc.? Handelt es sich bei der Menschwerdung um einen qualitativen Sprung oder um einen graduellen Prozess, so dass wir immer – von der Empfängnis bis zum Erwachsenen – »menschlicher« werden? Hier macht uns der Geburtstag deutlich, dass wir in einer durchaus dunklen Verbindung mit dem stehen, was uns immer übersteigt und von dem wir doch abstammen: dem Leben. Das Leben war da, bevor wir geboren wurden und es wird da sein, wenn wir gestorben sind: Vielleicht auch deshalb sind Geburtstage manches Mal melancholische Veranstaltungen.

Verfolgt man kulturhistorisch den Wandel der Bedeutungen und der Praktiken der Geburt, so ist mit dem 20. Jahrhundert und dem Einsetzen der medizinisch-technischen Apparateentwicklung eine wichtige Zäsur erreicht. Die Zeit der guten Hoffnung scheint dem kalkulierbaren Risiko gewichen, der Verlust an Sinnlichkeit im Klinikalltag ist spürbar und das Geheimnis des Kommenden wird nunmehr gegen die Kontrollierbarkeit und Sicherheit des Geschehens eingetauscht. Die Geheimnisse um die Geburt und die Mythologie der Schwangerschaft vormoderner Gesellschaften oder traditionaler Stammesgruppen, sind durch Medikalisierung, Psychologisierung und Entsozialisierung der Geburt ersetzt worden.

Die Entwicklung des Ungeborenen lässt sich seit dem Zweiten Weltkrieg penibel unter dem Ultraschall verfolgen, was historische Bilder von Föten zu merkwürdigen Fantasiefiguren werden lässt: So findet man in frühen anatomischen Darstellungen seit der griechisch-römischen Antike das schon entwickelte Kind in einem geschlossenen, behüteten Raum der Gebärmutter wieder. Diese Bilder zeigen uns den Embryo als noch nicht ganz von dieser Welt, als Neuankömmling und liminales Wesen, dessen verborgenes Dasein nur in der Geburt offen gelegt werden kann. Erst im 16. und 17. Jahrhundert wird dann der Fötus nicht mehr im Inneren des geöffneten Uterus dargestellt, sondern als isoliertes, eigenständiges Wesen, das im leeren Raum schwebt. In der Mitte des 19. Jahrhunderts finden wir dann im Zuge der Darwin'schen Evolutionstheorie ein anderes wissenschaftliches Bild: Die Entwicklung des Embryos verläuft hier entlang der Stammesgeschichte, konkret: Zunächst geht die Frau mit einem Fisch, dann mit einem Reptil und einem Affen und schließlich mit einem Kind schwanger. Heute liegen die Anfänge für alle Beteiligten sichtbar offen. Mit der Präimplantationsdiagnostik und dem Klonen geht man aber noch einen Schritt weiter, insofern man nun nicht mehr nur die Anfänge veröffentlicht, sondern diese selbst festlegt.

Traditionell sind Geburten mythische, soziale und vor allem rituelle Geschehnisse. Schwangerschaft und Geburt sind eingepasst in ein System von Übergangsriten, die von entsprechenden Schutz- und Abwehrriten, die die guten Geister beschwören und die schlechten vertreiben sollen, begleitet werden. Vor allem um die Zeit der Entbindung greift ein dreiphasiges Ritualschema, das den Übergang des Kindes in die Welt und den der Frau zur Mutter rituell gestaltet. Die Schwangere wird von der Gemeinschaft und der Familie entfernt, sie wird aus der Gesellschaft ausgegliedert. Die Zeit der Geburt verläuft dann an einem Ort »außerhalb« der üblichen sozialen Welt, dort wird die Umwandlung von der Frau zur Mutter und vom Ungeborenen zum Kind vollzogen; Angliederungspraktiken dienen dann dazu, die nunmehr erlangten neuen Rollen in der Gesellschaft zu bestätigen. Vergegenwärtigt man sich diese drei Stadien der Übergangsrituale: Ablösung, Umwandlung und Angliederung, erkennt man in ihnen die Idee eines symbolischen Todes. Das Alte stirbt und das Neue beginnt zu leben. Mutter, Vater und Kind werden mit Hilfe der Übergangsrituale in eine andere Existenzweise initiiert und verlieren damit ihren alten, nunmehr toten, Status. Nicht nur die Personen erneuern sich in den traditionellen Geburtsritualen, sondern diese betreffen oftmals auch den Ursprung der Gemeinschaft und die Erschaffung der Welt: Diese Rituale erneuern den Kosmos. Dieses Ritualverständnis macht uns deutlich, wie weit wir uns von den traditionellen Zusammenhängen entfernt haben. Denn wenn auch formal die drei Phasen des Übergangs immer noch vollzogen werden, zeitigen ihre Ausgestaltungen andere Ergebnisse. Die Entbindung findet zwar in einem »Geburtsexil«, der Klinik, statt, doch wird dort dieses existenzielle Lebensereignis oftmals von Klinikpraktiken dominiert, die die neue Mutter in das Stadium eines Kindes regredieren lassen. Und die Ankunft zu Hause wird zwar mit einem kleinen Kaffeeklatsch begangen, doch trägt dieser nicht unbedingt zur sozialen Annahme und Integration von Mutter und Kind bzw. zur Erneuerung der Welt bei.

Die neueren Entwicklungen mit den Möglichkeiten der Chromosomenzählung, der Gen-Prüfung und der Visualisierungstechniken setzen auf medizinische Tatsachenentscheidungen und nicht mehr auf Ahnungen, Hoffnungen, leibliches Wissen und Sorgen um das jenseitige Heil des Kindes. Der Glaube an die heiligen Mächte ist dem Glauben an die Reproduktionsmedizin gewichen und das Zur-Welt-Kommen zu einem Kalkül und wissenschaftsrelevanten Know-how geworden. Die zyklische Zeitvorstellung traditioneller Kulturen wird durch die lineare, fortschrittliche Konzeption der Zeit abgelöst, die Apparate übernehmen die Verantwortung für den »Geburtskörper« der Frau: Risikoschwangerschaften, Geburtspathologien, Störungsdiagnosen und Krisenmanagement begleiten heute den Prozess des Gebärens.

Nun kann man sich angesichts dieser Entwicklungen fragen, inwieweit in der Moderne nicht nur der Tod, sondern auch die Geburt verschwunden ist. Werden wir heute, im Zeitalter der Medikalisierung, Hospitalisierung und Technisierung des menschlichen Lebens überhaupt noch – in einem vielleicht emphatischen Sinn – »geboren«? Angesichts der medizinischen Ideologien von Steuerbarkeit, Planbarkeit und Machbarkeit, die die ehemals »unwissenschaftlichen« und »unsicheren« Hilfsmittel wie Magie und Rituale abgelöst haben, lässt sich auf jeden Fall eine Profanisierung der Geburt ausmachen. In vielen Kulturen wird die Geburt nicht vollständig betrachtet, wenn Geburt und Nachgeburt nicht jeweils eine rituelle Behandlung erfahren. Die Nachgeburt, lat. *Placenta*, gilt hier oft als Doppelgänger oder als symbolisches Geschwister des Geborenen, das besonderer Vorsorge und behutsamer Riten bedarf. Man begrub die Nachgeburt im Garten oder im Haus, hängte sie zum Trocknen auf, empfahl sie als Medizin oder verzehrte sie als Mahlzeit; gelegentlich wurde sie mumifiziert und gesondert beigesetzt, verbrannt oder auch im Meer versenkt. Mit der Idee, dass die Placenta das Alter Ego des Geborenen darstellt, und mit den elementaren Riten: Begrabung (Erde), Aufhängen (Luft), Verbrennen (Feuer), Versenken (Wasser) schuf man einen Zusammenhang von Mikro- und Makrokosmos. Seit dem späten 18. Jahrhundert verschwindet unser Double, das immer zu spät kommt, durch Ekelgefühle codiert im Müll, wird zu Granulat verarbeitet oder als Prozessbeschleuniger in Müllverbrennungsanlagen eingesetzt. Nunmehr kommt der Mensch einsam und alleine auf eine Welt, die sich nicht mehr nach kosmologischen, sondern nach medizinischen Notwendigkeiten richtet.

Das Geheimnis, das Geschick und die Hoffnung spielen hier immer weniger eine Rolle; dagegen wird die Entwicklung des Embryos in einem biologischen Sinne verstanden, Schwangerschaft physiologisch definiert und normiert. Nunmehr halten Statistiken, Risikoberechnungen und Dienstleistungsmentalitäten im Geburtsgeschehen Einzug, und die Geburt verkommt zu einem medizinischen Verwaltungsakt, der auf Risikomanagement, Kostenkalkulation und professionelle Optimierung setzt. Erleben wir im Moment also die Gnade der späten »Un-Geburt« (Duden), und werden wir dadurch alle zu Kyborgs, Wesen aus Technologie und Biologie, Zwitterwesen, die in hochgerüsteten Kreißsälen »zur Welt kommen«? Von der künstlichen Befruchtung und der pränatalen Diagnostik über den Mutterpass bis hin zu perinatalen Interventionen und der Embryonenforschung ist die Geburt durchsetzt von bürokratischen, juristischen, ökonomischen, technologischen und medizinischen Strukturen, die das eigentliche Geschehen – den »Sprung« des Kindes in die Welt und die »Entbindung« der Mutter vom Kind, in den Hintergrund treten lassen. Die Embryologie reklamiert, in einer ungewissen Situation Gewissheiten möglich zu machen; sie »produziert« ein Kind, das sie dann zur Welt kommen lässt und den Eltern als Geschenk überreicht.

Der Ernst des Lebens oder Die Einschulung

Wenn der Ernst des Lebens mit der Einschulung beginnt, dann deshalb, weil es nunmehr keinen Weg zurück in die Kindheit gibt. Ab jetzt ist man Schüler, und man wird das, folgt man den zur Zeit herrschenden Ansichten und Theorien, sein Leben lang auch bleiben. Wenn die Zeiten jemals existiert haben, in denen wir nicht für die Schule, sondern für das Leben lernten: *non scholae, sed vitae dicimus*, so sind sie jedenfalls jetzt vorbei. Seneca, der antike Philosoph, hat es im Übrigen immer schon gewusst: *Non vitae, sed scholae dicimus*, wir lernen (leider) nicht für das Leben, sondern für die Schule, weil das Leben mittlerweile zur lebenslangen Schulveranstaltung geworden ist.

Dabei fängt doch alles so wunderbar an. Alle Familienmitglieder haben frei, die Sonne scheint, denn Einschulungen finden im August oder September statt, Eltern und Kinder versammeln sich zunächst auf dem Schulhof, es herrscht eine heitere, entspannte Atmosphäre: Kinder laufen mit ihren Schultüten und neuen Ranzen über den Hof, Eltern – vor allem Männer – überprüfen die mitgebrachte Technik in Form von Fotoapparaten und Videokameras, Mütter und Großmütter überprüfen noch einmal die Kleidung ihrer Kinder und deren Schultüten. Man ist festlich, aber nicht extravagant gekleidet, die Mädchen tragen Kleidchen oder Röckchen oder wie die Knirpse Hose, Bermudas und T-Shirts; ab und an lässt sich auch noch die »klassische Variante« von dunkler Hose und weißem Hemd sehen. Alles läuft wunderbar.

Dann geht es in der Aula oder Turnhalle, gelegentlich auch in der Kirche los, zunächst mit einer freundlichen Begrüßung der Schulleiterin oder des Schulleiters und dann vor allem mit den Vorführungen der zweiten oder dritten Klassen, die den Neuen und ihren Angehörigen Lieder, Sketche und kleine Bühnenstücke vorführen. Eltern- und Schulvertreter halten Reden, in denen für Eltern- und Fördervereine und vor allem für die Schule geworben wird und alle haben ein gutes Gefühl:

Das kann hier gar nicht schief gehen. Schlussendlich werden alle Lernanfänger freudig einzeln aufgerufen und verlassen mit ihren in der Regel weiblichen Lehrern den Saal. Geschafft. Den Angehörigen ist deutlich wohler, die Angst vor künftigem Prüfungsstress, schlechten Zensuren und genervten, überforderten Kindern wird erst einmal verdrängt. Wir haben etwas zu feiern, denn nunmehr gibt es statt Kindern Schüler und statt Eltern Schülereltern.

Vergleicht man die Situation der heutigen Pennäler mit der der Kinder vor 150 Jahren, so haben die es alles in allem auch nicht schlecht getroffen. Ein großer Teil der damaligen Altersgenossen konnte mit fünf bis acht Jahren nicht in die Schule, sondern musste arbeiten. Erst gegen Ende des 19. Jahrhunderts kam in der sich durchsetzenden Industrialisierung die Meinung auf, dass die Kinder wegen ihrer mangelnden körperlichen und geistigen Kräfte sich nicht für den Arbeitsprozess eigneten.

Einschulungen markieren also das Ende der Kindheit und der schülerlosen Elternschaft und damit den Beginn einer neuen Zeit. Sie legen die Unumkehrbarkeit der Biografien, das Vorher und Nachher fest. Die Schule ist – anders als der Kindergarten oder die Universität – seit etwa 100 Jahren eine Pflichtveranstaltung, der man sich im Alter von sechs bis achtzehn Jahren nicht entziehen kann. So gehen in der Bundesrepublik zzt. etwa neun Millionen Schüler in eine allgemein bildende und 2,8 Millionen Schüler in eine berufsbildende Schule; zieht man die 750 000 Lehrer hinzu, so gehen also mehr als zehn Millionen Menschen täglich zur Schule. Geht man im Schnitt von zwölf Schuljahren, von etwa vierzig Wochen Schule im Jahr und fünfundzwanzig Schulstunden pro Woche aus, so ergibt sich als durchschnittliche schulische Verweildauer eine Zahl von rund 12 000 Stunden; wer will, kann hier noch die etwa 3000 Stunden Kindergarten oder auch die etwa 4000 Stunden Universität – oder auch die Zeit für die Halbtags- und Ganztagsbetreuung an Schulen – hinzurechnen. Der Schulalltag, den Schüler dabei erfahren, macht ihnen deutlich, dass

Lernen von einem gewissen Datum an unausgesetzt zu erfolgen hat. Schüler müssen sich mit der Einteilung auf Stunden, Tages- und Jahresebene und mit der Erfassung von Alterskohorten auf Jahrgangsstufenebene vertraut machen. Und sie erfahren die Fremdbehandlung ihrer Eigenzeit, mithin die Tatsache, dass andere ihre Zeit planen, verwalten und bewerten. Was Schüler in der Schule lernen ist also vor allem die Verplanung ihrer Zeit. Oder positiver: Man lernt in der Schule seine von anderen organisierte Zeit zu organisieren. Es gilt also, mit jener Form von Zeitplanung und Pünktlichkeit zurechtzukommen, die die Schule verlangt. So lesen wir in Johann Ludwig Ewalds *Erbauungsbuch für Frauenzimmer aller Konfessionen* von 1803: »Darum rieth ich dir immer eine gewisse Regelmäßigkeit, Pünktlichkeit, *jeden* Tag bestimmt *zu der* Zeit dieß und jenes zu thun. Dann wird es *sicher getan*. Will man es zu einer unbestimmten Zeit thun, so thut man es oft gar nicht. Lieber pedantisch-pünktlich in Ordnung und Reinlichkeit als zu frei. Was man unbestimmt thut, wird nie zur Gewohnheit, nie mechanisch und zur anderen Natur. Und das müssen die Eigenschaften werden« (Ewald, zit. n. Neumann).

Die Frage ist nur, ob mit dem Schulanfang wirklich der Ernst des Lebens beginnt oder nicht vielmehr dessen pädagogische Simulation. Die Einschulung wäre so betrachtet der Beginn der mehr oder weniger systematischen Beschäftigung mit den Bildern vom Ernst des Lebens. Allerdings wird es dann wirklich Ernst, wenn man versucht, dem Unvermeidlichen ein Ende zu bereiten und die Schulstunden zu schwänzen. Die Schule macht uns also deutlich, wie sie sich Wirklichkeit vorstellt. Was aber passiert, wenn die schulischen Vorstellungen von Wirklichkeit und die außerschulische Wirklichkeit nicht mehr allzu viel miteinander zu tun haben? Wir werden zwar alle immer noch eingeschult, doch ob das, was wir dann lernen, uns auch im Leben reüssieren lässt, ist – wie es gerade in letzter Zeit heißt – *nicht wirklich* mit Sicherheit zu sagen. Bildungsbiografien sind in modernen Risikogesellschaften prekär geworden und jeder muss sehen, wo er bleibt. Mit Bildungseinrichtungen wird man jedenfalls zeit seines Lebens konfrontiert werden. Vielleicht aber haben Pädagogen nicht nur, weil sie so große Humanisten sind, Schwierigkeiten ihre Erziehungsbemühungen einzustellen, sondern weil sie nicht wissen und nicht wissen können, inwieweit ihr simulierter Ernst des Lebens nicht an diesem zerbricht.

Die Einschulung ist also das Ritual, das das »eigentliche« Leben vom schulischen Leben trennt und die gelegentlich noch unbeschwerte Kindheit mit der Geisel der Prüfungen belastet. Mit der Einschulung wird alles anders, denn Kinder werden als Schüler räumlich voneinander getrennt, sozial separiert, (hoffentlich) pädagogisch (professionell) betreut und mit dem Unterricht bekannt gemacht. Weil kein Mensch als Schüler geboren wird, müssen Kinder lernen zum Schüler zu werden, bzw. werden sie durch die Institution Schule dazu erzogen, Schüler zu sein. Die Schule leistet diesen pädagogischen Prozess schon mit der Einschulung, aber auch durch Schul- und Sportfeste, durch die Einteilung in Jahrgangsklassen, den Wochenstundenplan, das Fächerprinzip und selbst durch alltägliche Praktiken wie Übungen und Wiederholungen oder durch unscheinbare Momente des gestischen und mimischen Verhaltens von Lehrern und Schülern. Die Kinder lernen dabei, wenn alles gut geht, vor allem drei Dinge: 1. still zu sitzen, 2. lesen, rechnen und schreiben – und 3. sich selbst zu disziplinieren. Letzteres leistet vor allem ein Ritual, das für die Institution der Schule zentral ist, nämlich die Prüfung.

In der Prüfung muss sich der Einzelne an Standards messen und messen lassen, die ihm vorgegeben werden. Dabei macht die Institution Schule mehrere Annahmen bezüglich der Prüfungssituation, die nicht unproblematisch sind. Alle Schüler verfügen über vergleichbare Voraussetzungen im Bereich des Wissens und der individuellen Zugänglichkeit des Unterrichtsstoffes. Zweitens sind diese Abstände nach objektivierbaren Standards, d. h. mittels Noten messbar. Drittens reklamiert die Schule, dass die erbrachten Leistungen dem Schüler selbst zuzuschreiben sind. Und viertens dokumentiert der

Schüler, indem er am Prüfungsritual teilnimmt, dass er bereit ist, diese Prüfungselemente anzuerkennen und die damit verbundenen Problematiken zu tragen. In der Prüfung findet gleichsam eine Anerkennung der sozial verbindlichen Rationalität und Moral statt. Kann man aber tatsächlich davon sprechen, dass die Standardisierung des Unterrichtsstoffes zu gleichen Möglichkeiten für alle Schüler führt? Kann man davon ausgehen, dass die methodische Aufbereitung die individuelle Zugänglichkeit des Stoffes sichert? Ist der Schüler alleine verantwortlich für die in der Prüfung erbrachten Leistungen? Muss nicht die Institution der Schule davon ausgehen, dass die Motivation des Schülers mit ihrer eigenen Zielsetzung zusammenfällt? In der Prüfung geht es mithin darum, sich nicht als Mensch mit eigenen Wünschen, Phantasien und Motivationen zu begreifen, sondern Leistungen zu erbringen, auch wenn man den Sinn der Lehrinhalte nicht völlig durchschaut oder die erbrachten Leistungen keine unmittelbare Befriedigung eigener Bedürfnisse mit sich bringen.

In der Prüfung, so die holzschnittartig formulierte These, werden Menschen zu Schülern gemacht – durch die Feststellung und Beurteilung von Fähigkeiten, durch die Erhebung von Eignungskriterien und durch die Bestätigung von Reife. In der Prüfung wird man »erkannt« (*probare*: auf Echtheit und Güte hin untersuchen, billigen, erproben). Man setzt sich dem Licht der Institution aus, die so in die Lage versetzt wird, Menschen zu messen, über sie zu urteilen und gegebenenfalls Sanktionen auszusprechen. Der Schüler erfährt sich als jemand, der sich diesen Praktiken von Wissen und Macht ausgesetzt sieht. Er erfährt sich als Objekt. Die Schule dokumentiert damit, dass sie die Individualität des Einzelnen pädagogisch bearbeiten kann, z. B. indem sie die Einzelnen schreiben lässt und indem sie über sie schreibt – in Form von Dokumenten und Dossiers, durch Kategorienbildung, Durchschnittsermittlung und Normenfixierung. Und der Schüler erfährt sich als jemand, dessen Dasein in Klassenbüchern, Lehrerzimmern und Schularchiven festgehalten wird, ein Dasein, das vor allem in einer doppelten Verschriftlichung besteht: Erst muss man selbst schreiben, damit die Lehrer einen dann beschreiben, speichern und ordnen können. Drittens macht die Institution jeden Einzelnen zu einem registrierbaren Fall, und der Schüler erfährt sich als jemand, der klassifiziert wird, dessen Einstellungen und Motivationen im Sinne der Institution beurteilt werden, als ein beschreibbarer und analysierbarer Gegenstand. Schüler zu sein bedeutet somit immer eine Merkwürdigkeit, denn man soll immer beides zugleich sein – man hat zu sein wie jeder andere und man hat gleichzeitig zu sein, wie kein anderer.

Die Schüler sind eingesperrt in einen dialektischen Prozess, indem sie das Gesetz anerkennen, das sie selbst in einem bestimmten Anerkennungsverhältnis festhält. Sie anerkennen die Werte und Normen der Schule selbst noch in ihrem Scheitern, denn wer Prüfungsangst verspürt, anerkennt ebenso die institutionellen Regeln an wie derjenige, der sich als Versager zu interpretieren lernt, weil er den Anforderungen der Schule nicht gerecht wurde – und dem dann droht, noch aus der Solidarität der Schüler hinauszufallen. Durch die Prüfung wird das Willkürliche der Norm zur habituellen Selbstverständlichkeit der Kinder.

An einem so schönen Tag wie der Einschulung wird man sich diesen düsteren Gedanken natürlich nicht hingeben. Denn Anfänge bergen ihren eigenen Zauber.

Pubertätsriten

Kinder müssen irgendwann einmal aus dem Haus. Das kann man ökonomisch mit mangelnden Ressourcen, psychoanalytisch mit dem Inzest, entwicklungspsychologisch mit einem stetig steigenden Sozialradius, gesellschaftstheoretisch mit der Arbeitsteilung und Spezialisierung und bildungstheoretisch mit einem anderen Wissenshorizont begründen. Fest steht, dass man ihnen dieses Faktum beibringen muss, und dazu gibt es in der Jugend Übergangsrituale. In Stammesgesellschaften markiert oftmals die Beschneidung den zentralen Übergangsritus. Die Beschneidung ist ein heiliger Akt, der mit der Einführung in die zentralen Geheimnisse des Heiligen, des Todes und der Sexualität einhergeht. Der reale Schnitt in den Körper realisiert den symbolischen Tod des Lebewesens, das die Kindheit hinter sich gelassen hat, um nun ein vollständiger Mensch zu werden. Um das neue kulturelle und religiöse Leben beginnen zu können, muss das frühere Leben absterben. Das vollständige Menschsein lässt sich nur durch die Transzendierung des natürlichen erreichen: Man lebt also buchstäblich zweimal, aber nur einmal richtig. Der Eintritt in das zweite Leben ist mit Prüfungen und Schmerzen verbunden, in denen die Initianden die Taten der Götter und Heroen wiederholen, um damit deren Prüfungen und Schmerzen an sich selbst zu erleben. Die Neophyten (Neugeborenen) handeln in der göttlichen Spur und versuchen sich ihrem Vorbild so weit als möglich anzunähern. So bleiben sie orientiert an dem durch die Hierophanie (Gotteserscheinung) vermittelten religiösen Menschenideal. Der erfolgreiche Initiand ist vor allem der Aufgeklärte, der Wissende, der die heiligen Geheimnisse des Lebens kennt: den Ursprung der Welt, die Taten der Götter, die heiligen Instrumente.

Pubertätsrituale bilden die Umwandlungsphasen, die liminalen Zonen, in denen die wesentlichen Ablösungen von der Familie und die Umwandlungen stattfinden. Diese zielen auf eine neue Identität als Erwachsener. Auf die Ablösungsphase folgt die der Umwandlung und zu guter Letzt die der Integration. Dramatisch betrachtet, liegt diesem Schema der Gedanke zugrunde, dass die alte Person sterben muss, um der neuen Platz zu machen, um eine neue soziale Identität zu erlangen. Die alte Welt muss nicht nur neu gemacht, sondern gleichsam (symbolisch) vernichtet werden. Der Neuanfang muss radikal sein, die Kinder werden von den Eltern gelöst und bekommen neue Verantwortliche, wie die Stammesältesten oder die Medizinmänner, die Kinder werden von den Geschwistern gelöst und bekommen in den Gleichaltrigen und anderen Novizen neue Gefährten und die Kinder werden von der Kindheit gelöst und bekommen einen neuen Status, denn sie werden Erwachsene.

Übergänge müssen rituell gestaltet werden, um zu wissen, was alt und was neu ist. Sonst hat man das Gefühl, immer noch in der Vergangenheit zu leben, und die Zukunft kann nicht beginnen. Daher kommen Initianden in den Wald oder den Dschungel, an den Rand der Zivilisation, in ein Jenseits, eine Anders- oder Unterwelt, dort oftmals in Initiationshütten, die den Mutterschoß symbolisieren oder in Gräber, die den Symbolismus des Todes verdeutlichen. Alles wird auf den Anfang (zurück-)gestellt, der Mensch wird zum unbeschriebenen Blatt, zur *prima materia*, zum Unschuldigen, mit dem alles noch einmal neu beginnen kann. Insofern das Übergangsritual über den Tod des Profanen zum Leben des Heiligen führt, ist es eine Feier der Auferstehung und der Entbindung. Das Unwesentliche stirbt zugunsten des Eigentlichen.

Pubertätsrituale erscheinen unter einem funktionalen Aspekt als strukturelle Einpassung der Einzelnen in die Positionen, die das Überleben der Gesellschaft insgesamt sichern. Um diese Einpassung zu gewährleisten, wird zunächst alles negiert, was wichtig und wertvoll ist. Im Übergangsritual sind die Regeln des Alltäglichen, die ökonomischen und rechtlichen Rahmenbedingungen außer Kraft gesetzt. Da die Novizen außerhalb der Gesellschaft leben, hat diese keine Macht mehr über sie, und ihre Regeln sind außer Geltung. Novizen sind geheimnisvoll und gefährlich, heilig und unberührbar. »Aus diesem Grund ist die Gesellschaft, obwohl Tabus als negative Riten eine Barriere zwischen ihr und den Novizen errichten, gegenüber den Handlungen der Novizen schutzlos. (…) Während der Novizenzeit können die jungen Leute stehlen und plündern, soviel sie nur wollen, und sich auf Kosten der Gemeinschaft ernähren und schmücken« (van Gennep).

Damit aber die Initianden-Anarchisten keine sozialen Sprengkörper bleiben, werden ihnen die Werte und Normen der Gemeinschaft hautnah beigebracht. Initiationen sind daher oftmals verbunden mit grausamen Foltern und Verstümmelungen. Der vom Stammesdämon gequälte Initiand erhält dessen Zeichen. Durch das Ausreißen von Zähnen und das Amputieren von Fingern, durch Beschneidung, Schröpfschnitte und Tätowierungen werden dem Initianden die Stammeszeichen körperlich eingeschrieben. Der Körper wird zum Gedächtnis der Initiation, des Kulturellen und Religiösen. Man ist gezeichnet für das neue Leben; weil man nach dieser Umwandlung oft wieder neu leben lernen muss, wird man ernährt wie ein Kind, an der Hand geführt und Sitten und Gebräuche werden einem ein zweites Mal vermittelt. Oft erhält der Initiand auch einen neuen Namen und neue Bekleidung, die mit dem neuen Status verbunden sind. Weil man nun ein Wissender ist, muss man die damit verbundene Verantwortung auf sich nehmen und die Normen und Werte der Gemeinschaft verteidigen und fördern.

Nun kann man sich die Frage stellen, ob in der säkularisierten Neuzeit nicht entscheidende Übergangsrituale fehlen oder nur rudimentär ausgebildet sind. Für unsere Gesellschaft vergleichbare Übergangsrituale wie Kommunion, Konfirmation und Jugendweihe weisen zwar Merkmale der traditionellen *rites de passage* auf wie den Ausschluss der Nichteingeweihten, die Feier, Einkleidungen und Waschungen, die Verleihung eines (neuen) Namens. Andere Momente sind dagegen verloren gegangen wie die körperlichen Folterungen, die Einführung in die Geheimnisse des Lebens oder auch die vollwertige Anerkennung als Mitglieder einer Gemeinschaft. Vergessen wir auch nicht, dass die genannten Übergangsrituale nicht mehr ausnahmslos von allen Kindern und Jugendlichen erlebt werden.

Folgt man der These, dass die Übergangsrituale ihre Funktionalität in der Moderne eingebüßt haben, dann bedeutet das schließlich, dass wir nicht mehr erwachsen werden können, weil uns die ausbleibenden Übergangsrituale im kindlichen Stadium festhalten. Zwar werden wir mit 14 Jahren strafmündig, können mit Hilfe des Vormundschaftsgerichts mit 16 Jahren heiraten und werden mit 18 Jahren »volljährig«, doch sind diese juristischen Wegmarken kein Ersatz für die traditionellen Übergangsrituale wie Kommunion, Konfirmation und Jugendweihe. Ohne richtige Rituale wird man eben nicht erwachsen. So wohnen wir wie die Kinder immer noch bei unseren Eltern und bekommen von diesen immer noch unser Taschengeld. Wir heiraten immer später, absolvieren wie die Kinder immer noch unsere Ausbildung und fühlen uns auch mit Mitte vierzig immer noch nicht »reif«.

Was bleibt ist die Möglichkeit der Selbstinitiation. Wenn schon die Erwachsenen nicht in der Lage sind, einen geordneten Übergang zu gestalten, dann inszeniert sich die Jugend selber einen. Bungee-Jumpen, U-Bahn-Surfen, Drogenkonsum, Sprayen und Ritzen sind von Jugendlichen selbst inszenierte Rituale, die sie in irgendeiner Weise ins Erwachsenenalter katapultieren sollen. Diese neuen Übergangsrituale sind Ausdruck einer Gesellschaft, die so stark im Wandel ist, dass sie Jugendlichen keine festumrissenen Werte und Normen mehr mit auf den Weg geben kann. Alles fließt, *anything goes* und die Zeit ist aus den Fugen. Enttraditionalisierung, Pluralisierung und Individualisierung sind die Schlagworte für die Dynamik einer Gesellschaft, in der soziale, kulturelle und ökonomische Grundlagen ständig neu sortiert werden. Die Adoleszenz wird somit zu einem Alter zwischen »Meerschweinchen und Sexualität« (Kirbach), zwischen Gewalt und Computer. Wenn selbst die Erwachsenen keine Zukunftsaussichten mehr anzubieten haben, da ihr Erfahrungs- und Wissensvorsprung in einer sich schnell veränderten Welt nicht mehr von Belang zu sein scheint, werden Bindungen, Regelungen, Grenzen und Festlegungen immer öfter durch die Gleichaltrigen, die Peergroup, vollzogen. Da aber auch die Erwachsenen eigentlich nur noch Jugendliche sein wollen, stellt sich die Frage, warum man erwachsen werden sollte, wenn einen ohnehin nur das erwartet, was jetzt schon nicht funktioniert?

Jugendliche pendeln somit zwischen einer Stimmung aus Pessimismus und Hedonismus, aus Zukunftsnihilismus und Materialismus, der zu dem für diesen Lebensabschnitt ohnehin charakteristischen Himmelhochjauchzend und Zutodebetrübt hinzukommt. Heutigen Jugendlichen fehlen im Vergleich zu ihren Altersgenossen in Stammesgesellschaften Übersichtlichkeit, Eindeutigkeit, klare Regeln und Hierarchien, ja Heiliges und Mythisches. Trotzdem sind die Übergangsrituale nicht vollkommen ausgestorben. Sie konzentrieren sich allerdings auf bestimmte Bereiche. Geht man davon aus, dass in modernen Gesellschaften der Tod verdrängt wird und das Heilige verschwunden ist, bleibt den Jugendlichen nur noch das Geheimnis der Sexualität, das sie auf ihrem Weg zum Erwachsensein zu entschlüsseln haben. Daher rührt die mit diesem Lebensbereich verbundene enorme Bedeutung für Jugendliche. Auch der Körper als letztes Refugium des traditionellen Übergangs spielt noch eine Rolle. Er ist der Garant für die besonderen Erlebnisse, den *thrill*. Die mit dem Körper verbundenen Erfahrungen, Emotionen und Schmerzen sind echt, sie geben Gewissheit, dass wirklich etwas passiert ist und sie hinterlassen gelegentlich wichtige und lebensbegleitende Erinnerungen.

Und die modernen Übergangsrituale haben einen anderen Charakter. Sie lassen die Schwellenwesen nicht mehr einen vollständigen symbolischen Tod erleiden und reduzieren diese nicht mehr auf den Zustand einer *prima materia*. Übergangsrituale haben heute einen buchstäblich *transitorischen* Charakter, der von den Jugendlichen vor allem als *event* und biografische Reminiszenz, denn als das Leben im entscheidenden Sinn veränderndes Ereignis erlebt wird. Die traditionelle Idee der Transition durch Regression auf einen Urzustand wird verabschiedet zugunsten der Idee der Transition durch *Progression* in eine unbestimmte Zukunft. Trotzdem gewinnen in Zeiten, in der die Ehen auseinander gehen, der Generationenvertrag brüchig wird, die Arbeitsstellen sich von selbst flexibilisieren und die Geschlechterdifferenz uneindeutig wird, Rituale an Bedeutung, weil sie den Jugendlichen ein Minimum an Eindeutigkeit in einem Maximum an Unübersichtlichkeit vermitteln.

Wir alle müssen irgendwann aus dem Haus. Wir verlassen unsere Elternhäuser und suchen unsere Initiationshütten, unsere »Tempel« oder den Dschungel auf und stellen dort existenzielle Fragen, die wir mehr oder weniger beantwortet bekommen. So stellen sich zu guter Letzt folgende Fragen: Scheitern die selbst initiierten Rituale, weil sie von den Jugendlichen selbst in die Hände genommen werden und die Gesellschaft sie nicht anerkennt? Scheitern sie, weil sie ein hohes Maß an Offenheit, Komplexität und Uneindeutigkeit aufweisen, das den Jugendlichen keine fest umrissenen Statuspositionen in der Gesellschaft vermitteln kann? Oder führen die spielerischen, selbst initiierten Rituale nur auf einem anderem Wege dazu, erwachsen zu werden? Wie auch immer, was bleibt, ist die Erkenntnis von Walter Benjamin: »Und darum lässt sich eines nie wieder gut machen: versäumt zu haben, seinen Eltern fortzulaufen. Aus achtundvierzig Stunden Preisgegebenheit in diesen Jahren schießt wie in einer Lauge der Kristall des Lebensglücks zusammen.«

Die Traumhochzeit

Es gibt sie noch immer, jene Menschen, für die die Hochzeit der schönste Tag im Leben ist. Trotz steigender Scheidungsraten, trotz der statistischen Berichte von gescheiterten Beziehungen, von *coming out unpartnered parties* (Entpartnerungsfeiern), trotz der Möglichkeit auch *extra ecclesia* (außerhalb der Kirche) das Heil zu zweit zu suchen und zu finden und trotz der Möglichkeit einer Ehe ohne Trauschein, laufen viele Paare immer noch in den Hafen der kirchlichen Ehe ein. Inwieweit man dabei den Bund vor Gott, der Gemeinde, der Familie, vor dem anderen oder nur vor sich selbst eingeht, sei hier dem Gewissen des Einzelnen überantwortet. Auffällig ist allerdings die Tendenz, die Hochzeit als etwas Einzigartiges, Unvergleichliches zu gestalten, den gemeinsamen Anfang mit einem Zauber zu verbinden, der bei guter Pflege ein Leben lang halten soll. Deshalb wählt man in der Regel immer noch den göttlichen Dreischritt vom Polterabend über die standesamtliche Trauung bis hin zum Gang vor den Traualtar. Eigentlich besteht daher der schönste Tag aus dreien. Dieser Dreischritt ist einer aus Dürfen, Müssen und Sollen, denn der Polterabend darf, das Standesamt muss und die kirchliche Trauung sollte sein.

Der Polterabend ist der Abend, an dem nach alter Sitte die Unheil bringenden Gespenster und Geister durch entsprechenden Krach vertrieben werden sollen. Dass dazu heute auch Schutt und Müll gleich lastwagenweise benutzt wird, lässt darauf schließen, dass auch die Geister einen Modernisierungs- und Degenerierungsprozess der Vermassung vollzogen haben. Aber auch das Ritual scheint seinen Charakter geändert zu haben: Während früher die Vertreibung der Geister im Mittelpunkt stand, ist es heute die Prüfung der Heiratswilligen, denn der Polterabend ist vor allem ein Ritual der (letzten) Vergewisserung: »Drum prüfe, wer sich ewig bindet …« Auf jeden Fall erhöht sich durch die Masse an Müll der Einsatz, den Bräutigam und Braut bei der Erfüllung ihrer ersten praktischen gemeinsamen Pflicht zu erbringen haben. Den ersten Schritt, die gemeinsame Amtshandlung in Form der Bestellung des Aufgebots, das als öffentlicher Aushang sieben Tage zuvor die Hochzeit ankündigt, haben sie ja schon vollzogen. Dabei erscheint es durchaus signifikant, dass die Zukünftigen die Tage ihrer Zweisamkeit mit der Beseitigung von Abfall beginnen. Man zeigt dadurch nicht nur, dass man die Zukunft gemeinsam bewältigen kann, sondern schafft zugleich eine *tabula rasa*, damit überhaupt etwas Neues entstehen kann.

Zum Polterabend gehört neben Essen, Trinken und Tanz noch das Ritual des Rückblicks. Man vergewissert sich der Identität der Heiratswilligen in Form von Fotos, Dias und Videos, die in humoristischer Form den Anwesenden das Leben und die Liebe der beiden noch einmal in Erinnerung rufen. Dazu werden Sketche aufgeführt oder aus Hochzeitszeitschriften vorgelesen. Jetzt ist noch alles möglich.

Auf den Polterabend folgt der unabdingbare Gang ins Standesamt. Dieser muss sein. Allerdings versucht man diesem Muss seine ganz individuelle Note zu geben, es mit einer Besonderheit aufzuladen. Heute geht es darum, der Hochzeit vor dem Hintergrund des grauen Alltags einen Ereignischarakter, eine Eventatmosphäre zu verleihen: Man heiratet deshalb gerne an exotischen Orten wie in der Luft und unter Wasser, im Zoo und auf den Bergen, im Weltraum und in der Badewanne. Die Traumhochzeit ist das moderne Programm für die Eheschließung. Vorbei erscheinen die Zeiten, in denen man die Hochzeit als bürokratische Amtshandlung dem nüchternen Geist eines pensionsberechtigten Standesbeamten überantwortete. In der Warteschleife zwischen anderen Paaren nach einer »Zeremonie« von fünfzehn Minuten durch die abgedroschenen Worte eines völlig Unbekannten den Bund fürs Leben zu schließen, gilt nun eher als albtraumhaft. Die Hochzeit zwischen Gebührenkasse, protokollarischer Unterschrift und den obligatorischen Bildern des örtlichen Fotoshops scheint passé.

In diesem Blickwinkel geht vielleicht verloren, was den Kern der Hochzeit aus ritualtheoretischer Sicht ausmacht: Entscheidend ist der Akt der Transformation. Man wird durch die Trauung zu einem anderen – selbst wenn man seinen eigenen Namen behält. Bei Hochzeiten wird das Innovations- bzw. Transformationspotenzial von Ritualen besonders deutlich. Rituale sind kreativ, erzeugen eigene und neue Wirklichkeiten und sprechen Fähigkeiten und Möglichkeiten der Beteiligten an. Rituale können Rahmen für soziale und kulturelle Einsetzungen bilden. Wer also zur richtigen Zeit am richtigen Ort vor den richtigen Menschen und zu dem richtigen Anwesenden

»Ja« sagt, ist verheiratet, mit allen steuerlichen Konsequenzen, die diese Zustimmung so mit sich bringt. Stimmen alle rituellen Bedingungen, so haben Wörter gelegentlich weit reichende Bedeutungen und Gesten konstituieren etwas – beinahe – Irreparables. Rituale machen sozusagen Wörter zu Ursachen, machen zum Beispiel aus Männern Ehemänner und aus Frauen Ehefrauen. Und die in rituellen Prozessen zugeschriebenen sozialen und kulturellen Eigenschaften werden nicht mehr als zufällig und willkürlich, sondern als natürlich und legal wahrgenommen (Bourdieu). Identifizierungs- und Einsetzungsriten sind insofern paradoxe Verfahren, da sie dem Versuch folgen, die Menschen zu denen zu machen, die sie eh schon sind. Die Männer *sind* jetzt Ehemänner, die Frauen Ehefrauen, ob sie *das* nun »können« oder nicht. Denn identifikatorische Rituale sind Akte, die erzeugen, was sie bezeichnen; sie fordern die Menschen auf, sich selbst als diejenigen anzuerkennen, die sie erst noch werden sollen.

Das sich an das Standesamt anschließende übliche Essen erinnert an die enorme tradierte Bedeutung der Mahlzeit bei Trauungen. Im Mittelalter fand die Eheschließung nicht vor der Brauttür oder dem Altar der Kirche statt, sondern die Verbindung wurde durch die Familienoberhäupter im Kreise ihrer Angehörigen und Freunde, die das so genannte »Mahl« bildeten, gestiftet, woraus sich dann begriffsgeschichtlich die »Vermählung« ableiten lässt.

Nach dem obligatorischen Gang ins Standesamt folgt nun die Kür der kirchlichen Trauung. Denn dass es mit dem Verlassen des Standesamtes und der daraufhin stattfindenden Feier nicht sein Bewenden haben muss, beweisen die Paare, für die die kirchliche Trauung immer noch den Höhepunkt der Trauungsfeierlichkeiten darstellt. Auch in den postmodern-aufgeklärten Zeiten der medialen Hyper- und Re-Ritualisierungen lebt die »Traumhochzeit« von religiösen Gebräuchen. Nicht nur die Not, auch die Sentimentalität lehrt Beten. Denn obwohl man weiß, dass etwa ein Drittel aller Ehen wieder geschieden werden, ist der Drang zur Kirche und zur kirchlichen

Zeremonie ungebrochen. Ob die Sentimentalität einer romantischen Ideologie entspringt, die mit ihren Ingredienzien weißes Kleid, schwarzer Anzug, Blumen, Musik und Ringetausch die Gemüter erhitzt und zugleich vernebelt, oder ob sie das zeitgenössische Pendant zur als kalt und lieblos empfundenen Umwelt darstellt, oder ob sie sich archaischen Träumen von Prinzen und Prinzessinnen (Märchenhochzeit!) verdankt, die auf nicht weniger zielen, denn auf das einzig wahre große allumfassende Glück – wer weiß das schon? Ohnehin stehen Rituale immer im Fadenkreuz von Bewusstlosigkeit und Verblendung, von Komposition und Kompensation und von Symbolischem und Imaginärem. So kann die Bedeutung des weißen Kleides heute durchaus als umstritten gelten: Ist es das Zeichen für die Jungfräulichkeit, ja für die Unschuld der Braut, oder steht es eher für die Besonderheit des Anlasses oder noch einfacher dafür, dass den Brautleuten nichts anderes eingefallen ist, denn die Tradition »schreibt« ja weiß »vor«? So lässt sich auch die traditionelle Übergabe der Braut durch den Brautvater vor dem Traualter ganz unsentimental als »Besitzerwechsel« oder als »Alimentenzahlerwechsel« interpretieren, jedenfalls dann, wenn man weiß, dass die Frau heute in der Regel genau einen Mann weit von der Armut entfernt ist. Man kann diese Geste aber auch als »Beschützerwechsel« und als »Emanzipation« von der Herkunftsfamilie verstehen.

Wie dem auch sei, die Frage ist immer noch ungeklärt, warum und inwieweit denn die Hochzeit der »schönste Tag im Leben« ist? Inwiefern drückt dieser schöne Tag Ganzheit und Vollständigkeit, Symmetrie und Harmonie aus? Schön ist er natürlich deshalb, weil jede Hochzeit auch an die heilige Hochzeit, den *hieros gamos*, an die Vereinigung von Himmel und Erde, und damit an den Ursprung allen Lebens erinnert. Dabei steht die Hochzeit, was die großen, existenziellen Rituale betrifft, die den Eintritt in ein neues Leben markieren, sozusagen in der Mitte, zwischen Leben und Tod. Die Hochzeit ist dementsprechend der schönste Tag, weil er an den Anfang allen Seins erinnert. Neben diesem mythologischen Hintergrund ist die

Hochzeit der Anfang des gemeinsamen bürgerlichen Seins, mit seinen, sich aus dem Bürgerlichen Gesetzbuch ergebenen Konsequenzen. Diesen Anfang schön zu nennen, scheint übertrieben. So verbleibt die Möglichkeit, die Schönheit dieses Tages mit dem Status der Brautleute selbst in Verbindung zu bringen: Schön ist dieser Tag dann deshalb, weil diese im Mittelpunkt der Festgemeinde stehen. Die Schönheit ergäbe sich hier aus einem Narzissmus, aus der Befriedigung, die durch die Aufmerksamkeit der anderen entsteht. Die Hervorhebung vor anderen bedeutet eine besondere Form der Existenz, eine Art herausgehobenes Sein, eben Schönheit.

Traumhochzeiten sind höchst geplante und organisierte Veranstaltungen. Der Höhepunkt der gesamten Veranstaltung aber liegt zweifelsohne im Augenblick des Ehegelöbnisses. Hier dienen die Trauzeremonien als Garanten für die Zukunft. Das Treuegelöbnis, das Ja-Wort und der Ringetausch in der Kirche sind Mikrorituale, die gleichsam die Zeit anhalten sollen und damit einen Anspruch formulieren: So wie es heute ist, soll es alle Tage sein. Der Traum soll weitergehen, keiner soll aufwachen. Das Ritual der Hochzeit in der Kirche konstituiert eine Idealvorstellung, die sowohl ein deskriptives »model of« wie auch ein präskriptives »model for« für Braut und Bräutigam nahe legt. Symbole und rituelle Aktivitäten können ein ideales Bild sozialer Situationen entwerfen und zugleich einen Appellcharakter vermitteln, diesem auch gerecht zu werden. Symbolische Bedeutungen in Ritualen sind gleichsam Spiegel der sozialen Struktur menschlicher Erfahrungen. Nehmen wir hier den Ring: Der Ring symbolisiert die Ausgrenzung des Bösen, die Einheit und Beherrschung gewährende Abgrenzung und die Eingrenzung des reinen Ursprungs. Als symbolisches Modell für Zeit verstanden, hat der Ring die Funktionen, den Ordnungsgedanken hervorzuheben, die Wiederholung zu sichern und den temporalen Verlust aufzuheben, die *ad infinitum* periodisch sich regenerierende Ehezeit sicherzustellen, die als Zeitlosigkeit die göttliche Zeit der Ewigkeit darstellt.

Ist doch die *stabilitas*, die Dauerhaftigkeit und Festigkeit der Ehe, seit dem 12. Jahrhundert das Kriterium für die gute Ehe schlechthin. Etwas despektierlich formuliert, geht es also in der Ehe nicht um die Art der Beziehung – ob hier Liebe, Hass oder Gleichgültigkeit herrschen, ist irrelevant –, sondern um die Zeit, die dieses Verhältnis dauert. Die Ehe ist gleichsam das Bollwerk gegen den Strom der Ereignisse und damit der Zeit als Bewegung enthoben. Sie bildet einen Hort des Unvergänglichen innerhalb des permanenten Wandels. Die Ehe ist die Institution, die sich auf Dauer ihre Dauer sichert. Wenn die Ehe gelingt, sind die Menschen tatsächlich glücklich, was Untersuchungen beweisen, die zeigen, dass das Eheglück für das allgemeine Lebensglück von ausschlaggebender Bedeutung ist. Auch die christliche Fassung der Eheformel: *Erunt duo in carne una,* die von der körperlichen und geistigen Einheit spricht, zielt auf die Dauerhaftigkeit und auf die Zweiheit, die eine Einheit durch die wechselseitige Transparenz der Eheleute wird. Hier herrscht der göttliche Dreischritt, denn aus der Zweiheit wird eine Einheit, die eine Vielheit ist, denn die Einheit ist immer mehr als die Summe ihrer Einzelteile. Da man, um zu dieser Erkenntnis zu kommen, gelegentlich ein ganzes Leben braucht, ist die Ehe auf Dauer angewiesen. Die Hochzeit kann natürlich das lebenslange Miteinander nicht verwirklichen, sondern nur anbahnen. Denn ob die Liebe ein Leben lang halten wird, ist angesichts der Unsicherheit der Gefühle und der stetigen Verlängerung des Lebensalters eine durchaus offene Frage.

Hochzeitsrituale sind also Amalgame der gelebten und der imaginierten Welt, sind symbolisch durchgestaltete Handlungsprogramme. Sie erzeugen Bedeutungen, Ideen und Werte, die für das soziale Leben enorm wichtig sind, und denen sich die Ritualteilnehmer nicht nur intellektuell, sondern auch emotional versichern können. Das Weinen bei Hochzeiten ist konstitutiver Bestandteil des Rituals. Die Ergriffenheit beim Ringetausch oder beim »Ave Maria« müssen sein, damit man an das Ritual glaubt. Wer weint, weiß, was er fühlt – obwohl die Tränen vielleicht nur einem medialen Vorbild oder einer sinnentleerten Tradition geschuldet sind. Das, was in Hochzeiten Gefühle auslöst, spielt sich auf einer nicht offensichtlichen Ebene ab. Denn die mit Bedeutungen aufgeladenen symbolischen Gesten verweisen immer über die Szenerie hinaus. Die Hoffnung besteht, dass sich durch das Ritual die entsprechenden Gefühle und das adäquate Erleben wie von selbst einstellen. Rituale sind auch emotionale Geschichten, die sich die Menschen über sich selbst erzählen. Die gemeinsame Emotionalität schafft einen Rahmen, der wirklicher als die Wirklichkeit ist: Gibt es etwas Objektiveres und Realistischeres als Gefühle? Wenn alle vor Ergriffenheit heulen, dann muss der Anlass gewaltig sein. So genießt der Einzelne diese Empfindungen, weil die erhebende Gesamtstimmung eine Gemeinschaft der affektiv Beteiligten erzeugt.

Aber auch derjenige, der mit der Hochzeit nur egoistischen Kosten-Nutzen-Kalkülen folgt, muss, wenn er den Bund des Lebens eingeht, mindestens demonstrieren, dass er es ernst meint, und dass er dem leidenschaftlichen Gefühl der gegenseitigen Anziehung, der Liebe, folgt. Es kommt, wie im »echten« Theater nicht darauf an, Gefühle wirklich zu haben, sondern nur darum, Gefühle richtig echt zu spielen. »Sie dürfen die Braut jetzt küssen.«

Unterm Tannenbaum

Weihnachten ist im christlichen Abendland *das* Fest der Familie. Deshalb lässt sich, solange es Familien gibt, auch das Weihnachtsfest nicht abschaffen. Die Familie entsteht, bildlich gesprochen, unter dem Weihnachtsbaum, im Alltagsleben geht sie auseinander. Dass Weihnachten, historisch betrachtet, erst im Kontext der bürgerlichen Familie des 19. Jahrhunderts seine überragende Bedeutung für die Familie erhalten hat, ist hier weniger von Belang, als die Tatsache, dass die Familie ein heiliges Ritual, eine heilige Szenerie braucht, die symbolisch ihre Einheit darstellt. Diese Funktion hat das Weihnachtsfest. Am Beginn des 3. Jahrtausends ist für immerhin noch 70% der Deutschen das Weihnachtsfest »heilig« (Naumann). Deshalb gibt es rund um Weihnachten auch eine ausgeklügelte Ordnung von Mikroritualen wie Plätzchen backen, Geschenke kaufen und einpacken, einen Bummel über den Weihnachtsmarkt, den Hausputz, das abgeschlossene Wohnzimmer, die Besorgung des Weihnachtsbaums und seine Beschmückung, die Bescherung, das Abendessen, das gemeinsame Spielen und Fernsehen, die Besuche bei Verwandten und Freunden. Wozu dient dieser ausdifferenzierte Kanon von Regeln, Gewohnheiten, rituellen Gebräuchen und »uralten« Traditionen?

Wenn Weihnachten das Fest der Familie ist, so hat es genau zwei Feinde, nämlich die Familie und das Fest. Um diese Feinde zur Räson zu bringen, braucht es Rituale. Denn die Familie selbst ist ein durchaus unsicherer Kantonist von Beziehungen. Nicht nur, weil die Human- und Sozialwissenschaften es immer noch nicht geschafft haben, eine brauchbare Definition von Familie zu liefern und wir also nicht einmal wissen, was denn eigentlich *die* Familie ist und wie wir dementsprechend Familie leben sollen, sondern vor allem deshalb, weil auch ihr Ur- und Vorbild, nämlich die Heilige Familie ein – mit Verlaub gesagt – unübersichtlicher Haufen war. Wenn Weihnachten auch in der heutigen säkularisierten Form immer noch auf rituelle Versatzstücke der christlichen Tradition angewiesen ist, scheint es nahe liegend, das Familienfest aus dem Blickwinkel der Heiligen Familie zu beleuchten.

Die Heilige Familie ist durch viele Bilder vertraut, wobei am bekanntesten die Weihnachtssituation sein dürfte: Drei Personen in einem Stall, inmitten von Engeln, Hirten, Tieren und Waisen. Hier haben wir den familialen Mikrokosmos als weltgeschichtlichen Makrokosmos, in dessen Mittelpunkt das Kind liegt. Mit dieser Szene wird ein neuer Anfang gesetzt, was sich nicht zuletzt an der christlichen Zeitrechnung festmachen lässt, die die Geschichte im Lichte der christlichen Heilslehre versteht. Jesus gilt als Erfüllung der Zeit, als Vollendung der heilsgeschichtlichen Wirklichkeit. Und hier haben wir schon die erste Merkwürdigkeit: Mit Jesus beginnt und vollendet sich die Zeit und seitdem leben wir – obgleich Gott, wie Nietzsche meinte, tot sein soll – immer noch in *seiner* Zeit (Mk 1, 15), die mit einem Jahr beginnt, das es gar nicht gibt, dem Jahr Null.

Mit dieser neuen Zeitrechnung, mit der Null also, ist die Familie, die Heilige Familie ins Zentrum einer weltgeschichtlichen Aufmerksamkeit gerückt, oder einfacher ausgedrückt: ein Drei-Personen-Haushalt, bestehend aus Vater, Mutter und Kind. Bei näherem Hinsehen wirkt die Heilige Familie schon weniger homogen und eigentümlich diffus, sowohl in horizontaler, vertikaler wie diagonaler Hinsicht. In horizontaler Hinsicht der Familienbeziehungen ist überliefert, dass Jesus kein Einzelkind war, das Matthäusevangelium (13, 54–56) erwähnt neben den Brüdern Jakobus, Joseph, Simon und Judas zahlreiche namenlos gebliebene Schwestern. Das Bild der Heiligen Familie als (durchaus moderner) Drei-Personen-Haushalt stellt also schon eine Reduktion der tatsächlichen Familie Jesu auf die göttliche Trinität dar, wobei die irdische Horizontalität der vielen der göttlichen Vertikalität der Dreieinigkeit untergeordnet wird. Das Heilige wird mit der Familie identifiziert, und man ahnt es schon: Das kann nicht gut gehen!

Denn in der vertikalen Perspektive lässt sich durchaus von einer Diffusion der Generationengestalten sprechen. Da ist zunächst die Multiplikation der Vaterfigur, denn neben Josef, dem sozialen Vater, tritt der Heilige Geist als biologischer und Gott als ontologischer Vater auf. Über Josef erfahren wir, dass er Maria zu sich nahm, nachdem der Engel des Herrn ihn im Traum dazu aufgefordert hatte, und dass er sie nicht »erkannte«, bis sie Jesus geboren hatte (Mt 1, 25). Josef greift mithin nicht mittels Sexualverkehr in die biologische Kette der Generationen ein. Das scheint ein Fehler zu sein. Denn der

Sexualverkehr wurde in der Antike als ein Akt heiligen Ausmaßes begriffen, da er die »Erzeugung an der Unsterblichkeit«
(Platon) nachvollzieht. Die Zeugung hat am Urakt teil und verknüpft damit zugleich Vergangenheit und Zukunft. Josef, der
sichtbare keusche Gatte Marias, stellt das Ende dieser Idee dar.
Seine Gewalt ist keine göttliche, heilige, seine Sorge eine
menschliche. Josef, dessen Name übersetzt: »Gott gebe Ver-
mehrung« lautet, setzt sich (zunächst) durch Askese ein
Denkmal und erscheint daher nicht selten in der Kunstge-
schichte als bemitleidenswertes Arbeitstier (dessen Schutz-
heiliger er auch ist) oder auch als sabbernder Greis, dessen Po-
tenz im umgekehrten Verhältnis zu seinem Begehren zu
stehen scheint. So verkörpert Josef schon die Depotenzierung
des Vaters. Josef ist lediglich ein Erfüllungsgehilfe des göttlichen Heilsgeschehens, ein Knecht im Weinberg des Herrn,
dessen Väterlichkeit wiederum gegenüber des menschlichen
erdrückend wirkt. Auch heute noch ist konkrete Väterlichkeit
oft der Lächerlichkeit preisgegeben, während sie im Symbolischen zur Überväterlichkeit hochstilisiert wird. Väterlichkeit
finden wir überall, doch wirkt der reale Vater immer merkwürdig deplatziert: entweder ist er seinem Sohn im Weg – wie bei
Freud – oder er hinkt seinem Sohn hinterher, der dann dan-
kenswerterweise die Einführung des Vaters in die Kultur über-
nimmt: »Alles kinderleicht«. Vielleicht könnte man sogar so
weit gehen zu sagen: Je stärker in der Realität die Vaterfunktio-
nen liquidiert werden, umso größer muss seine symbolische
Macht erscheinen.
Und wie steht es um Maria und Jesus? Realgeschichtlich war
Jesus wohl Handwerker und Laie, theologisch gilt er zugleich
als wahrer Mensch und wahrer Gott; seine Familie hält ihn
schlicht für wahnsinnig – woraufhin Jesus dann diejenigen zu
seiner Familie erklärt, die seiner Verkündigung des göttlichen
Willens folgen (Mk 3, 21–35). Doch die Identität dieser Differenzen erscheint noch wahrhaft unterkomplex, betrachtet
man nur sein Verhältnis zu seiner Mutter. Denn, und Psychoanalytiker würden hier wohl von einer Übertragungsfantasie

oder einer Projektion sprechen, Jesus gilt nicht nur als ihr Sohn, sondern neben Josef ebenso als Gatte Marias; er könnte aber auch der Bruder seiner Mutter sein, denn beide stammen aus dem Hause Davids. Gleichzeitig gilt er – als »Personifikation« der Kirche – als begehrender Bräutigam Marias und zugleich – als Gott – als ihr Herr und Erzeuger. Mit einem Wort: Jesus rührt hier an den beiden elementaren Strukturen der Verwandtschaft, an das Inzestverbot und das Exogamiegebot, ohne gegen sie zu verstoßen, denn dieser Verstoß wird durch die Jungfräulichkeit und die Unschuld Marias, durch ihr »drittes« Geschlecht aufgefangen. Maria hat Jesus als Jungfrau in Keuschheit empfangen, was darauf hinweist, dass Jesus wirklich ihr Erstgeborener war; mit etwas Fantasie könnte man ihre Schwangerschaft sogar als erste »Leihmutterschaft« interpretieren. Diese Codierungen verstärken die These, dass die Heilige Familie auch als Vexierbild gelesen werden kann: Josef ist nicht nur Herr, sondern auch Knecht, Maria ist nicht nur Geist, sondern auch Natur. In der Heiligen Familie beginnen sich die Differenzen zu entdifferenzieren, da das Heilige re- und entdifferenzierend zugleich wirkt. Hier scheint alles möglich.

Schließlich gewinnt diese Familie in diagonaler Hinsicht eine weitere Diffusionserweiterung hinzu, nämlich durch die zusätzlichen Beziehungen, die Jesus zu den Aposteln eingeht, welche in die Familie hinein und über sie hinaus reichen. Die Heilige Familie ist somit eine Familie der Unübersichtlichkeit. Sie ist der Ort der göttlichen Idee, in der das Unmögliche möglich wird (Jungfrauengeburt!), und sie ist auch der Ort der menschlichen Tatsache, dass das Mögliche unmöglich werden kann (normales Familienleben!). Klingt das nicht erstaunlich modern, im Zeitalter von Herkunfts-, Gegenwarts- und Zukunftsfamilien, von Nuklear, Binuklear- und Multinuklearfamilien, von Leben unter einem Dach, Wochenendehen und Lifing-apart-together-Beziehungen, von Leihmüttern, Mütter werdenden Großmüttern, von biologischen, sozialen und finanziellen Vätern, von allein erziehenden und gleichgeschlechtlichen Elternteilen, bikulturellen Familien, nicht ehelichen Lebensgemeinschaften mit Kindern, postmodernen Ehen ohne Kinder, Kindern ohne Eltern?

Familien, so viel lässt sich bislang festhalten, sind Relationsgefüge von Menschen, die kommen, und Menschen, die gehen. Daher sind sie höchst problematisch und lassen sich im Alltag nicht immer zusammenhalten. Deshalb braucht man heilige Feste – und hier haben wir die zweite problematische Ebene. Weihnachten ist deshalb ein *Fest*, weil die Einzelnen unter dem Baum versammelt werden, was die Isolierung der Einzelnen untereinander aufhebt. »Das Fest ist Gemeinsamkeit und ist die Darstellung der Gemeinsamkeit in ihrer vollendeten Form« (Gadamer). Im Abstand zum Alltag feiert sich die Familie im Weihnachtsfest, indem sie dieses gemeinsam begeht. Festliche Familienrituale sollen vor allem die charakteristischen Merkmale familiärer Gemeinschaftlichkeit wie Einheit, Zusammenhalt, Intimität, Gemeinschaftlichkeit, Solidarität und Integration in besonderer Weise darstellen, gewährleisten und fördern. So finden sie oftmals auf einer ganz besonderen »Familienbühne« statt. Diese aber ist sakrosankt und paradox zugleich. Sakrosankt ist sie, weil natürlich nichts geändert werden darf, will man nicht riskieren, dass das Fest zur Tragödie der Familie wird, daher die detaillierte Planung, Vorbereitung und Durchführung von Weihnachten.

Das Weihnachtsfest ist aber auch eine paradoxe Inszenierung. Es versucht, eine kontingente Ordnung als mythisch und natürlich darzustellen, denn »immer schon« wurde das Wohnzimmer abgeschlossen und kam das Christkind auf verschlungenen Pfaden ins Haus. Es versucht, durchaus widersprüchliche symbolische und emotionale Welten in einem Handlungsschema zu integrieren, denn das, was sich Kinder unter Weihnachten vorstellen und wünschen ist selten deckungsgleich mit dem, was sich die Eltern oder die Großeltern denken. Und das Weihnachtsritual praktiziert die Gemeinschaft der Gleichen in einer asymmetrischen Konzeption, denn immer noch, jedenfalls bis hin zum Jugendalter, arrangieren die Eltern die Feier für die Kinder, und immer noch schenken Eltern ihren Kindern mehr als umgekehrt – obwohl sie behaupten, dass alle Geschenke letztlich unerklärbaren Ursprungs sind. Doch genau in diesen Paradoxa liegt der Clou von Weihnachten, gilt doch, dass nur die Paradoxie unbedingt ist: *Credo quia absurdum*, ich glaube, weil es widersinnig ist. Weihnachten ist also ein paradoxes familiäres Fest und deshalb unwiderlegbar. Es negiert die Möglichkeit, dass alles auch ganz anders sein könnte, und präsentiert höchste Gültigkeit, weil es die Bedingungen seiner eigenen Möglichkeit nicht mehr offen legt: »Wir haben das immer schon so gemacht und es war immer sehr schön.«

Wenn Weihnachten aber heilig und paradox zugleich ist, und wenn Weihnachten zudem das Fest der Familie ist, so liegt der Schluss nahe, dass auch die Familie irgendwie heilig und paradox zugleich ist. Auch hier herrscht gelegentlich die (Drei-)Einigkeit, von der man nicht weiß, wie sie letztlich zustande kommt. Denn die Familie ist immer auch das, was sie nicht ist, nämlich die gute heile Welt, der sichere Hafen und der Ort der absoluten Geborgenheit. Um einen Raum für die familiäre Heiligkeit zu haben, hat man das Weihnachtsfest, das diese Hoffnungen und Versprechungen in einem stabilen, heiligen, rituellen Rahmen aufheben möchte, in dem es keine Täuschung und kein Fehlverhalten geben darf. Daher rührt die Bedeutung des Weihnachtsfestes für die familiale Gemeinschaft. Hier darf nichts schief gehen. Von hier aus lässt sich noch einmal der Bogen zur Heiligen Familie schlagen: Während das Urbild darauf vertrauen konnte, dass sich durch den göttlichen Rahmen irgendwann und irgendwie alles als sinn- und heilvoll herausstellen würde, sind die modernen Familien für Sinn und Heil selbst verantwortlich. Stellte sich ehedem das Heilige als Familie dar, so verleiht sich die Familie heute selbst den Heiligenschein. Familien »verwenden« religiöse Symbole in diesem Sinne immer dann, wenn es um einen Sinnstiftungsprozess geht, der sie selbst als Familie betrifft. Religiöse Motive werden zu einem Arsenal von teilweise inkonsistenten und diffusen Handlungspraktiken und Einstellungen, mittels derer man sich der Familie als feste Gemein-schaft versichert.

Die gute Familiarität wird wohl immer weniger durch ein von der Amtskirche vorgegebenes Ritual gesichert, sondern durch die Handlungen der Familienmitglieder wechselseitig hervor-gebracht, die somit ihre eigene Idee von Familie legitimieren. Nunmehr gerät der Weihnachtsbaum in den Blickpunkt. Denn der Baum *muss* sein. Der Baum ist das Symbol für Weihnach-ten schlechthin. Während er in grauer Vorzeit dazu diente, zur Wintersonnenwende die Götter der Sonne und der Fruchtbar-keit zu beschwören und die langen und finsteren Winter-nächte aufzuhellen, hat er heute die Funktion, die Familie selbst zu beschwören und diese mit Glanz zu versehen. Die Lichterbüsche der heidnischen Ahnen sind also über den christlichen Baum des Mittelalters zur familiären Tanne der Postmoderne mutiert. Feierte man ehedem Kraft und Leben, dann die Geburt des Erlösers, so heute den Fortbestand der prekären Spezies Familie.

Karneval

Karneval – das ist der organisierte Ausnahmezustand. Einmal im Jahr, nämlich von Weiberfastnacht bis Aschermittwoch, herrscht vor allem am Rhein der kollektive Taumel. Frauen kommen an die Macht, Narren besetzen die Rathäuser, Solda-ten marschieren mit Holzgewehren durch die Stadt, Kinder brauchen sich nach Süßigkeiten nur zu bücken und Männer verkleiden sich als Jungfrauen.

Selbstverständlich ist der Karneval eine ernste Angelegenheit und nicht nur aus der Sicht eines gelernten Kölners ist eine Veranstaltung wie das Treffen der Karnevalsgesellschaften von Köln, Düsseldorf, Bonn, Koblenz und Mainz am 29. Juni 1844 auf der Rheininsel Nonnenwerth von besonderer Bedeutung, ging es damals doch um nichts Geringeres als um das: »Austauschen von Ansichten über das Wesen des Karnevals«. Dieses Wesen enthüllt sich gerade aus dem Blickwinkel der Ritualtheorie, denn in diesem zeigt der Karneval sein wahres, ja imposantes Gesicht. So wirkt der Karneval zunächst durchaus zweideutig: Ist er mit seiner anarchischen Kraft die Umkehrung der Ordnung oder stützt er diese nur, indem er den tumben Massen einmal im Jahr ein kleines Ventil bietet, weil diese wissen, dass am Aschermittwoch alles vorbei ist? Und alle wissen auch, dass nicht nur am Aschermittwoch alles vorbei ist, sondern alles wieder von vorne anfängt: Jetzt haben die Männer wieder das Sagen, die Politiker kehren in die Rathäuser zurück, Soldaten müssen in die Wüste, Kinder werden erzogen und die jungfräulichen Männer haben ihr »Coming-out« noch vor sich. Alle wissen, bis zum 11. November oder noch schlimmer, bis zur nächsten Weiberfastnacht, gelten nun wieder alle Werte, Normen, Pflichten und Gewohnheiten, die allzu gerne über Bord geworfen werden. Der Karneval ist also der große *melting pot*, hier herrscht der Taumel des Rollentauschs und das Ausleben von bislang sorgsam versteckt gehaltenen Trieben, hier darf und sollte es zeitweilig drunter und drüber gehen, hier darf und muss die soziale Ordnung auf den Kopf gestellt werden, damit man hinterher als anständiger Bürger ab Aschermittwoch umso besser wieder funktionieren kann.

Der Spruch, dass am Aschermittwoch alles vorbei ist, macht also zunächst darauf aufmerksam, dass mit dem Karneval alles beginnt. Mit ein wenig Fantasie lässt sich der Karneval als Urzustand der Menschheit verstehen. Alles fing an im großen Tohuwabohu, im globalen Durcheinander und kollektiven Wirrwarr (1 Mose 1,2), bevor dann Gott alles in seine vorgegebenen Bahnen brachte. Versteht man den Karneval als Wiederholung der Ursprungssituation, so ist er der Archetypus der Kultur und hat wahrhaft kosmische Dimensionen. Daher kann er auch nicht abgeschafft werden. Die Tatsache, dass der Weltenlauf zusammenbrechen würde, macht den Karneval zu einem *sine qua non*, zu einer unverzichtbaren Notwendigkeit des rituellen Kalenders. Ohne diesen würde nämlich der Übergang von der Unordnung in die Ordnung den Menschen nicht mehr bewusst; würde er nicht mehr stattfinden, so bekäme die Ordnung keine neue Wirklichkeit verliehen, weil der Hiatus (Kluft) zwischen Unkultur (Karneval) und Kultur (katholische Bürgerlichkeit) nicht mehr in Szene gesetzt würde.

Wer Karneval feiert, hat demnach teil am archetypischen Urakt, am Bauplan des Kosmos, weil er den Schöpfungsakt wiederholt. Karnevalisten sind Urschöpfer – nicht nur ihrer selbst, sondern der Welt überhaupt. Die Kraft, Wirksamkeit und Dauerhaftigkeit der katholisch-bürgerlichen Existenz wird alljährlich in Erinnerung und damit ins Leben gerufen und erhält eine neue Weihe durch ihre permanente Neuschöpfung. Es gilt der Satz: Was man schon immer gemacht hat, hat seine Richtigkeit, und es darf kein Jota davon abgewichen werden. Daher hat es z. B. in Köln auch 177 Jahre gedauert, bis die erste weibliche Karnevalsgesellschaft gegründet wurde, denn immerhin sind Veränderungen an Ritualen dieses Ausmaßes nur mit äußerster Vorsicht und langfristigen Überlegungen überhaupt zulässig.

Am Anfang und am Ursprung sind alle Dinge ununterschieden, ununterscheidbar, vollkommen chaotisch. Genau diese Situation sucht der Karneval zu erzeugen. Der Karneval ist die Situation der Unentscheidbarkeit. Jeder könnte alles sein, und alle gleichen jedermann. Die Karnevalisten sind bis zur Unkenntlichkeit dieselben und offensichtlich alle anders – jedenfalls als Jecken. Dabei liegt die Sprengkraft des Narren in der Tatsache begründet, dass das Sichverkleiden selbst schon die Realität *ist*. Der »gemeine Zweifel« besteht hier darin, dass eine Frau, die sich als Mann verkleidet, ein Mann sein könnte, der im tiefsten Inneren »eigentlich« eine Frau ist. Die wichtigen Trennungen von Sein und Schein, Tiefe und Oberfläche, Wahres und Falsches, Notwendiges und Zufälliges, Mann und Frau, Kind und Erwachsener usw. werden im Narren unterlaufen.

Der Narr ist also alles, er lebt am Nullpunkt der Geschichte. Und er ist zufrieden damit, die schöpferische Urhandlung zu wiederholen und nachzuahmen, indem er zu einem anderen wird. Wiederum existenzialistisch ausgedrückt: Der Narr ist nur wirklich Narr, indem er aufhört, wirklich Bürger zu sein. Der Mensch ist Mensch nur dann, wenn er auch anders sein kann: im Karneval. Hier lassen sich die menschlichen Schranken einebnen und die Türen zum Tierischen und Göttlichen hin aufstoßen. Im Karneval nimmt sich der Narr die Freiheit, immer mehr oder weniger, aber niemals er selbst zu sein. Der Narr hat keine Identität, er stellt das personifizierte Bilderverbot dar. Die Narren sind heilige Wesen, die außerhalb der gesellschaftlichen Ordnung stehen, und insofern die Gesellschaft keinen Einfluss auf sie hat, sind sie so gefährlich wie die Tiere und so allmächtig wie die Götter. Denn wer die Regeln des alltäglichen Lebens außer Kraft setzen kann, muss entweder ein Tier oder ein Gott sein. Daher rührt der noch immer heilige Schauer, der in den Verkleidungen von Teufeln, Gespenstern oder den Geschlechtswechslern steckt. Die »Identität« des Narren bedroht das kosmologische Gefüge und seine Verbindungen, indem sie die axialen Stützen von Himmel und Hölle, von Mensch und Tier durch seine Verkleidungspraktiken ins Wanken bringt. So standen die Karnevalisten oftmals im Verdacht, nur verkleidete Spione, staatsgefährdende Subjekte oder gar Revolutionäre zu sein.

Denn der Karneval führt etwas vor Augen, von dem schon immer gemutmaßt wurde, dass es damit seine besondere Bewandtnis haben könnte, nämlich dass die Welt ein Theater ist. Eine Feststellung, die man unisono in der Antike bei Platon, Seneca und Epikur über das Mittelalter und die Frühe Neuzeit bei Shakespeare und Calderon und dann wiederum in der Moderne bei Racine oder auch bei Schopenhauer, Nietzsche und Goffman nachlesen kann. Die Welt ist ein Theater und die Menschen sind Schauspieler, die auf einer Bühne stehen, jedenfalls solange, bis der letzte Vorhang fällt – und der Narr muss es ja wissen, denn er sagt die Wahrheit. Wenn aber alles ohnehin Theater ist, wenn auch die Welt »wirklich« nur ein Theater ist, und wenn wir in »Wirklichkeit« nur Schauspieler sind, dann wäre vielleicht alles Schein statt Sein, alles eitel und heuchlerisch statt moralisch und gut, alle spielten nur eine Rolle statt ihres richtigen Wesens und alles wäre letztlich von dem Applaus der Zuschauer abhängig statt vom ewigen Weltengericht. Der Karneval zeigt uns, dass es überhaupt nicht relevant ist, ob die Inszenierungen der Realität entsprechen, ob das richtige Leben das falsche imitiert oder auch das unechte das wahre. Er macht uns lediglich klar, dass es gelegentlich wichtig sein kann, seine Maske nicht allzu früh abzulegen.

Weil der Karneval aber Bilder des Alltags in Szene setzt, werden dessen soziale Korsettstangen als inszenierte wahrnehmbar. Die Subversion, von der im Zusammenhang mit dem Karneval immer wieder gesprochen wird, rührt daher, dass der künstliche Rahmen im Karneval die Künstlichkeit des Alltags in Frage stellt. Denn der Karneval *zeigt*, dass der Alltag nur Theater ist und fungiert in diesem Sinne nicht als Illusions-, sondern als Desillusionsmaschinerie. Vielleicht ist die Flucht in den Karneval in diesem Sinne auch eine Flucht aus der Welt, die ja nur von Theatralität, Immanenz und Endlichkeit gekennzeichnet ist. Gilt doch, dass die Kunst lang, das Leben aber kurz ist, also: *ars longa, vita brevis*, lang lebe der Karneval!

Und da der Karneval der kosmologischen Erneuerung der Gemeinschaft, der Welt und der Ewigkeit dient, ist der Karneval auch eine ernste Angelegenheit. Er signifiziert, wenn man so will, die periodische Revitalisierung des Lebens. Und wie könnte man ob der Kollektivität des gemeinsamen Rausches daran zweifeln, dass der Karneval nicht die *richtige* Wirklichkeit darstellt? Schließlich hängen ja von der fünften Jahreszeit alle anderen ab. Der Karneval ist insofern ein absoluter Wert und er ist – schreiben wir ein großes Wort gelassen hin – heilig. Natürlich hat der Karneval auch seine profanen Seiten: Man kann ihn als großes Triebfestival interpretieren, als luxuriöse

Verschwendung, bei dem mehr Geld für die Dekoration ausgegeben wird als Handwerkerfamilien in Jahrzehnten verbrauchen, als sexuelles Event aller Verklemmten, die nur einmal im Jahr (im doppelten Sinne) »zum Zuge kommen«, als öffentlich anerkanntes Besäufnisritual aller anonymen Alkoholiker, bei dem Trinken oberste Pflicht ist, und ja, und immer noch, als Ritual eines elferrätigen Männergestirns, das jedes Jahr die Tanzmariechen »bützen« darf. Man kann auch daran erinnern, dass der Karneval – natürlich – ein Wirtschaftsfaktor ist oder dass er in früheren Tagen durch die Lustbarkeitsabgaben und die Vergnügungssteuer den Wohlfahrtsbüros Mittel für die Armen und den Reichen ein gutes Gewissen bescherte. Doch das ist nur der Vordergrund des umso wichtigeren Hintergrunds des Karnevals. Während die Aschermittwoch uns lediglich an die Vergänglichkeit unseres Lebens erinnert und damit das trübe *memento mori* vor sich her murmelt, ist der Karneval der Fanfarenstoß des Lebens bzw., um es mit den unvergänglichen Worten einer Kölner-Karnevals-Kult-Gruppe zu sagen: »Lust auf Leben, Lust auf Liebe, Lust auf Lust«. Statt *carne vale*, fleischlose Zeiten und sexuelle Enthaltsamkeit, die die vierzig Tage bis Ostern begleiten sollen, singen die »Höhner« am Ende des 20. Jahrhunderts unverdrossen weiter: »Lust auf Bratkartoffeln und 'ne fette Wurst« – wenn das keine Alternative ist?
Heilig ist der Karneval also deshalb, weil seine Ekstase die Menschen wieder mit den Rhythmen des Lebens in Verbindung bringt und den Kontakt mit dem eigentlichen Sein wiederherstellt. Damit hat natürlich auch das Leiden, das mit dem Aschermittwoch wieder losgeht, seinen Sinn. Man kann das Leiden der Askese gut ertragen, wenn man weiß, dass dieses nur durch den Karneval erklärt werden kann. Das Heilige des Karnevals selbst bleibt letztlich im Verborgenen und – das ist das Paradox – wird gerade deswegen respektiert: Daher ist es auch nicht so wichtig zu wissen, woher der Karneval kommt und ob er nun überwiegend heidnischen oder religiösen Ursprungs ist, wichtiger ist es, dass er da ist und dass seine Symbolik auf die Anfänge des Seins anspielt. Das heilige Verspre-

chen des Karnevals besteht darin, dass alles gut wird, weil alles schon einmal gut war. Der Glaube an den Karneval ist der grundlose Grund, der einen Mangel an Zuversicht, Sicherheit und Ordnung zu begründen in der Lage ist. Und die Rationalität dieses Glaubens an den Karneval rührt natürlich daher, dass auch die anderen Karnevalisten an ihn glauben. Insofern ist er die kollektive Inszenierung des kollektiven Glaubens einer kollektiven Gemeinschaft. Und das Versprechen heißt: Gemeinschaftlichkeit. Diese kommt im Fest als Umkehrritual zum Ausdruck, das auf die Idee zielt, alle Menschen seien frei, gleich und brüderlich bzw. schwesterlich gesinnt. Im Fest kommt es zur Umkehr von Statuspositionen und Hierarchien, hier herrscht der Knecht über den Herrn, die Frau über den Mann, wahrhaft albtraumartige Zustände für den einen, wahrhaft paradiesische für den anderen. So stellt sich die Frage, ob der Karneval nicht potenziell die Verwirklichung der Basisdemokratie anstrebt: jeder mit jedem, alle mit allem, jeder mit allen, alle mit jedem, einer für alle, alle für einen, niemand ohne den anderen, alle zusammen? Womit der Karneval wieder in den so schönen chaotischen Anfängen angekommen wäre.

Silvester

Silvester ist der Tag des Einschnitts, der das alte Jahr vom neuen trennt. Um diese temporale Differenz ordentlich zu gestalten, haben wir uns eine Fülle von kleineren Ritualen ausgedacht, die uns vom alten ins neue Jahr befördern. Wir feiern ein Fest, verkleiden uns vielleicht dazu, orakeln über die Zukunft, ergreifen die guten Vorsätze vom letzten Jahr, um sie dieses Mal endlich in die Tat umzusetzen, lassen die Sektkorken und dann die Raketen knallen (wenn wir nicht *political correct* dem Slogan: »Brot statt Böller« folgen), wünschen uns allen ein »Gutes neues Jahr«, in dem alles anders, aber vor allem vieles besser werden soll, und räumen am anderen Tag pflichtbewusst den selbst erzeugten Müll beiseite. Aber: Was soll das alles?

Kein Mensch würde behaupten, dass Silvester heute noch mit dem Vertreiben böser Geister zu tun hat, die uns von Zeit zu Zeit und besonders intensiv beim Jahreswechsel heimsuchen. Auch wenn man die gelegentliche Unruhe zwischen Euphorie und Melancholie, die manche Zeitgenossen gerade zu diesen Tagen befällt, durchaus noch mit magischen Mächten in Verbindung bringen könnte. Immerhin überträgt sich deren Betriebsamkeit sogar auf die Kinder, die an diesen Tagen bis hin zum entscheidenden Moment aufbleiben *müssen*. Ebenso wenig käme man wohl in unseren Tagen auf die Idee, das heutige Silvester auf den heiligen Papst Silvester zu beziehen, der der Legende nach Kaiser Konstantin im 4. Jahrhundert nach Christus zur Anerkennung der christlichen Kirche bewegt haben soll. So viel kirchengeschichtliches Gedächtnis lässt sich in Zeiten des kollektiven Bildungsniedergangs breiter Bevölkerungsschichten wohl nicht unterstellen.

Da es bei Silvester weder um Geister noch um Päpste geht, so steht zu vermuten, dass noch etwas Interessanteres auf dem Spiel steht, und das ist hier die Zukunft. Silvester, das ist vor allem der Tag vor Neujahr. Das muss gefeiert werden. Denn man hat es heute ja mit der Zukunft nicht leicht, ist doch der Bezug zur ihr von einer großen Ambivalenz geprägt. Einerseits scheint es in ihr um alles zu gehen – eine Perspektive, die nicht selten mit einer vorsichtigen Utopie oder mit einem zivilisatorischen Abgesang bzw. dem Super-Gau in Verbindung gebracht wird; andererseits scheint es in der Zukunft um *nichts* mehr zu gehen – wovon die Apologeten des *no future* ein Lied zu singen wissen. Alles erscheint möglich, aber nichts geht mehr: Silvester ist der Tag, wo man sich darüber Gedanken macht. Daher ist er folgerichtig durchzogen von kleineren Ritualen, die in mehr oder minder orakelhafter Form Aufschluss über das zu bekommen wünschen, was sich per definitionem nicht erkennen lässt, nämlich die Zukunft: das, was noch kommt.

Neben Kaffeesatzleserei und Kartenlegen ist das Bleigießen beliebt, ein alter Orakelbrauch, bei dem das geschmolzene Blei ins Wasser geschüttet wird, um aus den daraus entstehenden Formen Schlüsse auf die Zukunft zu ziehen. Das Blei, als Symbol der Schwere im physischen und psychischen Sinne, verweist so auf das, was blei(b)t bzw. auf die noch kommenden Ereignisse. Dass es durchaus einen sinnvollen Zusammenhang zwischen den Bleiformen und den zukünftigen Ereignissen gibt, wird an den ersteren sozusagen unmittelbar erkennbar, da sich an ihnen in der Regel nichts zu erkennen gibt. Sinnvoller erscheint es hier, dem Schicksal ein wenig nachzuhelfen, etwa mit Sprüchen aus chinesischen Glückskeksen oder mit Krapfen, in die man kleine, mit Botschaften versehene Zettel, aber auch Geld oder gemeinerweise Senf u. Ä. mit einbackt.

Anders als die Alten können wir der Welt, das heißt den Wolken, Blitzen, Vögeln oder dem Blei nicht mehr entnehmen, ob die Zukunft uns wohl geneigt ist oder doch eher schreckliche Erlebnisse zu bieten hat. Wir wissen, dass wir die Zukunft nie exakt bestimmen können, da das gegenwärtige Wissen um die Zukunft sich auch auf unser zukünftiges Wissen auswirken würde. Wenn wir allerdings immer schon jetzt wissen, was wir zukünftig wissen werden, so hätten wir kein zukünftiges, sondern lediglich gegenwärtiges Wissen. Kurzum: *futurus incertus*, die Zukunft ist ungewiss, gewiss bleibt, dass wir uns unter den Bedingungen eines wissenden Nichtwissens und eines wissenden Nicht-wissen-Könnens für sie entscheiden müssen. Deshalb wünscht man sich Glück in Form von vierblättrigen Kleeblättern, Glücksschweinen, Hufeisen, Schornsteinfegern und Glückspfennigen, eben weil man sich über die Zukunft nicht sicher ist. Glück ist ja der Wortbedeutung nach die (positive) Schließung einer Lücke, der gute Ausgang einer Sache. Damit das Glück nicht zum Furcht erregenden Schicksal gerinnt, materialisiert man die Glückwünsche in Talismanen.

Wir haben neben der verlorenen Gewissheit, die Zukunft vorhersehen zu können, auch eine andere Zukunft als die Alten. Seit zweihundert Jahren, seit der Zeit der Aufklärung, leben wir in der »Neuzeit«. Und das Neue der neuesten Zeit, die neue Zukunft, lässt sich so auf den Begriff bringen, dass ihr Inhalt nicht bestimmbar ist, sie ist eben nur offen und ein wenig schneller und flüchtiger als frühere Zeiten. Das damit verbundene Problem besteht darin, dass das Neue nur noch die Permanenz der Wechsels bezeichnet. Zwar ist vieles Neue »uralt«, doch es wechselt so schnell, dass es irgendwie neu erscheint.

Der Begriff Zukunft kann hier in zweierlei Hinsicht verwandt werden: als ein objektives Zukommen, einer Bewegung der Zukunft selbst *(adventus)*, und als ein subjektives Zugehen, einer Bewegung, die auf Zukunft ausgehend auf Gegenwart zurückkommt *(futur)*. Die erste Zukunft ist die Selbstpräsentation von Zukunft in der Gegenwart, die zweite Zukunft bezeichnet die Repräsentation von Gegenwart. Pointiert formuliert: Im ersten Falle verschafft sich die Zukunft eine Gegenwart, im zweiten die Gegenwart eine Zukunft. Die futuristische Zukunft ist die Silvesterzukunft, denn wir geben uns jetzt Vorsätze für das neue Jahr. Weil alles so furchtbar offen und die Zukunft als Advent so ungewiss ist, und die einzige Gewissheit darin besteht, dass die guten Vorsätze wohl nicht lange anhalten werden, beschleicht uns die Angst, dass alles auch anders kommen kann. Um diese zu vertreiben, brauchen wir die knallenden Sektkorken, den Alkohol und das Feuerwerk. Feuern wir an Silvester in den Himmel, so knallen wir eine Antwort an ein zukünftiges Geschick, das uns Glück und Unglück, Leben und Tod und auch den ganz normalen Alltag bringen kann.

In der Familie

Am Tisch

Bei Novalis können wir folgende Stelle finden: »Die Tischzeit ist die merkwürdigste Periode des Tages und vielleicht der Zweck, die Blüte des Tages«, so Novalis in seinem Fragment Nr. 1681. Und bei Susanne Langer lesen wir: »Aber die überzeugendste symbolische Geste ist die des Essens«. Was aber macht das gemeinsame Essen aus einer rituellen Perspektive zu einer merkwürdigen Angelegenheit? Warum ist das Essen in symbolischer Hinsicht so überzeugend? Die These, die hier vertreten wird, lautet völlig unkulinarisch, das Essen sei die Veranstaltung der gemeinsamen und richtigen Selbstbeherrschung.

Natürlich lässt sich das Essen vor allem als soziale Angelegenheit betrachten. Religiöse Mahlzeiten, Bankette nach Friedens- und Vertragsverhandlungen, festliche private Essen – oder eben auch und vor allem: alltägliche familiäre Mahlzeiten – dienen dazu, soziale Zugehörigkeiten und Gemeinsamkeiten auszudrücken. Insofern ist das Essen auf einer (religiös)-symbolischen Ebene betrachtet ein Versprechen des Sozialen, ein Ort der Kommunion, in dem der Empfang des Mahls zugleich die Öffnung zur Gemeinschaft bedeutet. In diesem Sinne besteht in Deutschland werktags durchaus Anlass zur Sorge: Lediglich in fünf Prozent aller deutschen Haushalte essen Familien drei Mahlzeiten zusammen; zwei Drittel der Familien finden sich überhaupt nicht oder lediglich einmal am Tag zu einer gemeinsamen Mahlzeit ein. Bei einem Fünftel kommt es werktags zu überhaupt keiner Mahlzeit. Die Familiengemeinschaft existiert vor allem am Wochenende: Vier Fünftel aller Familien sitzen am Wochenende bei drei Mahlzeiten fast vollständig am Tisch. Und: zwischen 80 und 90 Prozent der Kinder schätzen den Familientisch als einen Ort der Kommunikation, Gemütlichkeit und Entlastung von Sorgen – wer hätte das gedacht?

Aus diesem Blickwinkel erscheint nicht nur bedeutsam, welche Lebensmittel von wem wie gegessen werden, sondern auch, dass das Essen überhaupt an einem Tisch stattfindet. Der Tisch ist symbolischer Ort des Übergangs, der die vereinzelten Mitglieder z. B. einer Familie zum gemeinschaftlichen Handeln versammelt. Somit ist das Essen das Symbolische schlechthin. Das griechische *symbolon* bezeichnet die auseinander gebrochene Tonscherbe, sie gilt als Zeichen für das Zusammenbringen, das Zeichen und Bezeichnetes trennt, um es in der Wiederholung der Darstellung zu vereinigen. So gesehen bedeutet das alltägliche Zusammenkommen der Familie am Tisch, wenn auch an einem an Profanität und Funktionalität kaum mehr zu überbietenden Ort wie dem einer modernen Küche zu Beginn des 21. Jahrhunderts, immer noch einen hoch symbolischen Akt der Vergemeinschaftung.

Der Tisch ist ein Ort des körperlichen Miteinanders; daher darf er nur dann verlassen werden, wenn die Organisation des Essens dies unbedingt erforderlich macht: »Bleib bitte sitzen, bis du aufgegessen hast.« Der Tisch vermittelt die körperliche Kopräsenz der am Essen Beteiligten, etabliert über Sitzordnungen Hierarchien und schafft eine gemeinsame Atmosphäre. Das Zusammensitzen konstituiert eine Gemeinschaft insofern, als über die räumlichen und körperlichen Beziehungen von oben/unten, hinten/vorn, außen/innen, nah/fern etc. spezifische Werte und Tabus zum Ausdruck gebracht, Erfahrungen präfiguriert, Haltungen stabilisiert und Wahrnehmungen kanalisiert werden: »Sitz bitte gerade!«, »Halt das Messer nicht in der linken Hand!« Denn in der horizontalen Ebene wird nicht nur wichtig, wer am »Kopf« und wer an der »Seite« eines Tisches sitzt, sondern ebenso, wie man zueinander sitzt, wo der Tisch steht, ob es eine Sitzordnung gibt und wer sich zuerst vom Essen nehmen darf: »Papa fängt an!« In der vertikalen Perspektive erlaubt der Tisch eine Trennung in oben und unten, in Kopf und Hände, Beine und Füße, wobei der Meridian des Tisches über den Bauch verläuft. Durch dieses doppelte axiale System des Tisches werden die individuellen Körper aufeinander bezogen, stabilisiert und fixiert: »Beide Hände auf den Tisch!« Der Tisch ermöglicht somit auch eine Kontrolle des normgerechten Verhaltens, indem er mit seinem Koordinatensystem selbst eine Normativität darstellt, die dann mit der sozialen und zivilisatorischen Bedeutung aufgeladen wird, »wie man sich bei Tisch zu benehmen hat«: Der Tisch ist ein mögliches Modell der Inszenierung, Modellierung, Prüfung und Einübung körperlichen aber auch sprachlichen Verhaltens; an ihm lassen sich zentrale elementare Verhaltensnormen und soziale Kompetenzen erwerben. Die Mahlzeit am Tisch ist die soziale Situation *par exellence*: »Kinder am Tisch / Still wie ein Fisch!«

Schauen wir uns nun einen x-beliebigen deutschen Frühstückstisch an, so finden wir sehr wahrscheinlich: Toast, Knäckebrot, Graubrot, Vollkornbrot; Butter und Margarine; Mortadella, Salami, Camembert, Streichkäse, verschiedene Marmeladensorten und Schokoladencremes; Obst; von den Eltern wird dazu (schwarzer) Kaffee getrunken, von den Kindern Milch, Kakao oder Saft.

Aus einem rituellen Blickwinkel haben diese Nahrungsmittel neben ihrer sättigenden Funktion auch symbolische Bedeutungen. Greifen wir zunächst das Brot heraus. Im Lichte der christlich-religiösen Symbolik kommt dem Brot ein großer Stellenwert zu, man denke nur an das Vaterunser: »Unser tägliches Brot gib uns heute« (Matthäus 6, 11), die Verwandlung von Brot in den Leib Christi, das Brotbrechen als Zeichen der Gemeinschaftsbildung, das Brot des ewigen Lebens und die wundersame Brotvermehrung. Brot ist aber nicht nur ein Zeichen für (gottgegebene) Vitalität, sondern zugleich und damit verbunden Zeichen für ein arbeitsames Leben, denn: »Im Schweiße deines Angesichts sollst du dein Brot essen« (1. Mose 3, 19). Seit dem 11. Jahrhundert hat das Brot seine zentrale Bedeutung für die Ernährung breiter Volksschichten; in diesem Zeitraum wird es zu einem Symbol für die Nahrung, die aus der Feldarbeit hervorgeht. So gewinnt es die metaphorische Bedeutung für das Leben schlechthin, gilt als Symbol für das, was das menschliche Leben insgesamt ausmacht.

Man muss sich in diesem Zusammenhang vergegenwärtigen, dass noch um 1860 zwei Drittel aller Brote zu Hause gebacken wurden (Furtmayr-Schuh). Das bedeutet in einer historisch-kulturellen Perspektive, dass die Vergemeinschaftungsprozesse des häuslichen Essens im Zuge der Industrialisierung, Ökonomisierung, Individualisierung und Technisierung immer kleiner werdende Zeitspannen beanspruchen. Nicht umsonst ist also das Brot (lat. *panem*) eng mit dem Gemeinschaftsgedanken verbunden, mit dem lat. *companium*, das man mit »Brotgenossenschaft« übersetzen könnte. Das Brot symbolisiert das gemeinsame Leben angesichts der Arbeit – ein Leben, das nur durch die Anstrengung, die Beschränkung, den Aufschub und die Selbstbeherrschung zu gewinnen ist.

Auch der Kaffee, der sich recht häufig in der Mitte des Tisches befindet, verweist in die Richtung einer aus der protestantischen Ethik gewachsenen, gemeinsamen Arbeitsethik. Diese Ethik interpretiert die im 17. Jahrhundert sich entwickelnden Rituale des Kaffeetrinkens in Richtung der Nüchternheit und Ernüchterung durch das Getränk. Der Kaffee wird für Mitteleuropa zum Symbol bürgerlicher Betriebsamkeit, Rationalität und Funktionalität. Wer Kaffee trinkt, stärkt nicht nur seinen Geist, sondern vor allem seine Arbeitskraft.

Das gemeinsame Mahl hat enorme rituelle Bedeutung schon dadurch, als es nicht nur den Zeitpunkt der Mahlzeit innerhalb des Tagesablaufes festlegt, sondern auch die Dauer der Mahlzeiten festlegt sowie dessen Rhythmus vorgibt – das Wort »Mahl« bedeutet »Mal«: Zeitpunkt, festgesetzte Zeit. Und welche Macht wäre wohl größer als die über die Zeit des Menschen? Das Essensritual verweist darauf, dass man als Gemeinschaft nur dann existieren kann, wenn man sich zeitliche und räumliche Grenzen setzt, die für alle Gültigkeit besitzen. Dass diese Grenzen nicht permanent zur Disposition gestellt werden dürfen, erscheint einsichtig. Die Gemeinschaft würde auseinander fallen, käme jeder zu einer anderen Zeit zum Tisch. Gemeinschaften bleiben nur bestehen, so die hier implizite These, wenn sie ihre eigenen Ursprünge und Grenzen nicht ständig in Frage stellen. Der ritualisierte Alltag erzeugt in gewisser Weise das Vergessen des gemeinschaftlich Wichtigen; rituelles Verhalten sorgt dafür, dass man nicht ständig über die Grenzen und Normen diskutieren muss: »Sei bitte pünktlich zum Essen!«

Die Mahlzeit, so lässt sich zusammenfassen, ist das Urmodell von Kultur. Deshalb isst man auch so gerne am Küchentisch. Im ethnologischen Blickwinkel ist nämlich die Küche der Ort der Kultur, der Frau und auch des Lebens. Der Ort der Küche stellt die Funktion der Vermittlung von Natur und Kultur dar (Lévi-Strauss). Er ist gleichsam ein Transformationsraum zwischen den Körpern und dem Universum, in der die soziale und kulturelle Sprache »gesprochen« wird, in der die Gesellschaft unbewusst ihre eigene Struktur zum Ausdruck bringt. Wo das Rohe in das Gekochte übergeht, hat die Zivilisation über die Natur obsiegt. Das Essverhalten wird dementsprechend durch das Bild des »Wilden« bestimmt, dem man mit pädagogischen Maßnahmen die Gewohnheiten der Zivilisation einzurichten versucht. Der zivilisierte Mensch aber ist der selbstbeherrschte Mensch. Diese Idee drückt sich in Tischmanieren aus, die sich ebenso durch Selbstbeherrschung wie durch die Orientierung an den anderen auszeichnen: »Ob der Philipp heute still / Wohl am Tische sitzen will?« In den Essregeln finden wir die vielleicht entscheidenden sozialen Regeln. Denken wir hier nur an die Esstabus als die leiblich tief sitzenden und zugleich hoch emotional besetzten Essverbote. Die Selbstbeherrschung, bestimmte Speisen und Getränke nicht zu uns zu nehmen, ist *vor* allem Bewusstsein körperlich verankert. Esstabus verkörpern die bedeutenden Grundlagen von kulturellen Ordnungen, die unbewussten Maximen der Moral, wie die ästhetischen Muster des Geschmacks. »Igitt, das kann ich nicht essen!«

Die Einübung von Selbstbeherrschung findet in Form von moralischen Belehrungen statt, die die aggressiven Impulse zu kanalisieren versuchen: »Das Messer ist nur zum Schneiden da!«, und Pazifierungen einleiten wollen: »Piep, piep, piep, wir haben uns alle lieb und wünschen einen guten Appetit«; Essensrituale dienen aber nicht nur dem Gemeinschaftlichen und dem Kulinarischen, sondern auch dazu Autonomiebestrebungen einzudämmen: »Nimm die Füße vom Tisch!«, Verhältnisse der Generationen zu stabilisieren: »Solange du die Füße unter meinen Tisch streckst ...« und Konsequenzen einzufordern: »Was du auf dem Teller hast, wird aufgegessen!« Moral, Askese, Diät, Hygiene und Ökonomie gehen hier mit der Moral der Ordnung, des Fleißes und der Sparsamkeit, in toto: mit der rationalen Selbstbeherrschung Hand in Hand.

In Tischritualen geht es also um die richtige, die ordentliche Handlung. Rituale zielen auf Richtigkeit, was meint, auf die Ordnung des gemeinsamen Handelns, das für alle Teilnehmer verbindlich ist. Eben deshalb ist dieses Handeln immer als zeit- und ortlos beschrieben worden. Niemand kann die rituellen Ursprünge von Essritualen angeben. Das ist auch gut so, denn da diese Form der Realität kollektiv vollzogen wird, liefert sie gleichsam ihren unbezweifelbaren Geltungsanspruch durch die gemeinsamen Aktivitäten aller an ihr Beteiligten. »Guten Appetit alle miteinander!«

Fernsehen

Das wohl bekannteste Fernsehritual lässt sich wie folgt beschreiben: Ein etwas fülliger Mensch bzw. etwas füllige Menschen sitzen auf einer Couch vor dem Bildschirm eines Fernsehers, knabbern Chips oder Erdnüsse, trinken dazu Cola oder Bier und äußern sich gelegentlich in restringierten Sprachcodes von Holophrasen wie »Bo, ey«, »Wahnsinn«, »Super«, von angelpunktartigen Konstruktionen: »Mehr Bier«, »genug Nüsse« und Verbinselkonstruktionen: »Schon wieder der«, »Kann doch nicht wahr sein«, »Nun guck doch mal«. Jede aufkommende kommunikative Situation wird direkt unterbunden. Man sieht gemeinsam fern, Worte sind hier überflüssig. *Homo videns* und *homo sedens* gehen in diesem Fernsehritual eine symbiotische Einheit ein, Sehen und Sein werden eins.

Fernsehen ist das Leitmedium unserer Tage und schaut man sich dieses Leitmedium genauer an, so gibt es nicht nur das Ritual des *Couchpotato*, sondern mindestens vier mit ihm verbundene Ritualisierungen. Es gibt die Rituale *im* Fernsehen, die Rituale *des* Fernsehens, die Rituale *mit* dem Fernsehen und die Rituale *durch* das Fernsehen. Gehen wir sie gemeinsam durch.

Die Rituale *im* Fernsehen haben damit zu tun, dass das Fernsehen im Grunde genommen von der Wiederholung lebt. Wir wissen, dass uns innerhalb der jeweiligen Sparten immer die Wiederkehr des ewig Gleichen erwartet: Nachrichtensprecher sitzen hinter ihren Pulten und erklären uns die Welt, glückliche Familien sitzen im Kornfeld und schmieren sich Butter aufs Brot und Harry holt immer den Wagen. Die medialen Angebote, die kulturellen Formen, die sozialen Strukturen und die sprachlichen Idiome wiederholen sich. Diese ritualisierten Sequenzen verweisen uns auf den Clou der ganzen Angelegenheit. Die Botschaft des Mediums Fernsehen ist das Ritual. Nichts charakterisiert das Fernsehen daher besser als die Serie, die *Soap Opera* oder die *Tele Novela*. Ob Tagesschau, Marlboro-Mann oder Lindenstraße, die Wiederholung machts.

61

Wenn das Serielle das Prinzip des Fernsehens ist, so ist das Gesetz der Serien das Ritual.

Daneben kennen wir alle Rituale auch *des* Fernsehens. Jeder, der die letzte Olympiade, *Big Brother* oder *Deutschland sucht den Superstar* gesehen hat, weiß, was hier gemeint ist. Mediale Großereignisse, wozu neben Stadien-, Container- und Casting-wettkämpfen auch Naturkatastrophen und Kriege gerechnet werden können, würden ohne die ritualisierte mediale Aufbe-reitung überhaupt nicht existieren. Realität gibt es hier als TV, so dass das Reality-TV eigentlich eine überflüssige Tautologie darstellt. Die Fernsehkamera ist nicht nur immer schon da, wenn das Ereignis beginnt, sondern sie dirigiert das Ereignis, neudeutsch *embedded*: TV makes the Superstar. Das Fernse-hen wartet nicht ab, bis etwas passiert, um es dann zu senden, sondern sendet das, was es passieren lässt, um den Zuschauer nicht warten zu lassen. Denn im Fernsehen gibt es keinen Tag, an dem nichts passiert. Anders formuliert: Das Neue dauert immer genau fünfzehn Minuten (siehe Tagesschau). Damit man das Überraschende, Informative und Außeralltägliche auch erkennen kann, muss es als neu verkauft werden, als Konflikt, als Normenverstoß oder als große Zahl. Die Sensa-tion ist ein Effekt der routinierten Auswahl- und Sendetech-nik. Damit entscheidet das Fernsehen nicht nur darüber, was als aktuell zu gelten hat, sondern auch darüber, was erinnert werden muss und vergessen werden darf. Das Fernsehen ist ein kollektives Ritual, das ein soziales Gedächtnis zeitigt. Da-für sollten wir ihm dankbar sein. Denn man kann davon ausge-hen, dass die Anzahl der alltäglichen Geschehnisse auf der Welt das Aufnahme- und Fassungsvermögen eines individuel-len Gedächtnisses doch bei weitem überfordern würde. Den Inhalt einer Viertelstunde dagegen kann man sich gerade noch merken.

Das oben skizzierte Bild des *Couchpotato* ist die Ritualisierung des Alltags *mit* dem Fernsehen. Nicht zu unterschätzen ist hier, dass das Fernsehen Zeit strukturiert und Normen eta-bliert. Man sitzt um 20.00 Uhr vor der Tagesschau, und weil man die in Ruhe sehen will, verbieten sich telefonische Belästigungen. Mit Hilfe des Fernsehens lassen sich Tagesabläufe festlegen: zum Frühstück Frühstücksfernsehen, zum Vorabend das Vorabendprogramm und zur Nacht Late Night-Shows. Es lassen sich Gemeinschaften bilden: Familien finden sich kollektiv zum Fernsehabend ein, Fangemeinden sehen zusammen ihre Lieblingssoap, Großereignisse vergemeinschaften via TV wildfremde Menschen. Das Fernsehen ist die unendliche Liturgie des Alltags der Menschen (Thomas). Daher ist es auch so mächtig.

Zu guter Letzt also die Rituale, die *durch* das Fernsehen umgesetzt werden. Damit ist gemeint, dass das Fernsehen unsere Kommunikation und unsere Wahrnehmungs- und Sehgewohnheiten formt. Die rituelle Frage, ob man das gestern Abend im Fernsehen gesehen hat, macht nur Sinn, wenn es allgemein Fernsehen gibt (so wie die rituelle Frage nach dem Standort nur Sinn macht, wenn man ein Handy anklingelt). Selbst das Lamento, dass es gestern Abend »nichts« im Fernsehen zu sehen gab, gehört noch in den rituellen Kanon.

Vergessen wir an dieser Stelle auch die oft geschmähte Werbung nicht. Denn diese kann durchaus dazu führen, Leute ohne Geschmack mit geschmackvollen Dingen in Beziehung zu bringen und somit zur ästhetischen Bildung des Begehrens beitragen. Außerdem macht sie uns auch deutlich, was ein Kultobjekt ist: eine Milliarde Euro für Autowerbung in Deutschland braucht einen adäquaten Gegenwert. Darüber hinaus mobilisiert sie unsere Aufmerksamkeit für Dinge, die wir ohnehin nicht brauchen: »Unter Bedingungen industrieller Produktion ist es ja eher ein Akt der Verzweiflung als der Vernunft, dasselbe nochmals zu kaufen. Man braucht deshalb zusätzliche Unterstützung der Motive, und am besten geschieht dies durch Erzeugung der Illusion, Dasselbe sei gar nicht dasselbe, sondern etwas Neues« (Luhmann). So werden die Dinge also immer besser, obwohl sie die gleichen bleiben. Auch die beste aller möglichen Welten kann immer noch verbessert werden.

Fernsehrituale vermitteln uns die Welt der Bilder und die Bilder von der Welt. Was wüssten wir vom 11. September und den zusammenstürzenden Twin Towers des World Trade Centers, was von brennend heißen Südseestränden mit Bacardi trinkenden, leicht bekleideten Schönheiten, was von in Duisburg in Sachen Mord ermittelnden Hauptkommissaren, wenn es nicht das Fernsehen gäbe? Zwar wissen wir auch, dass die Welt nicht unbedingt nur aus Bildern besteht, und dass die gezeigten Bilder nicht unbedingt etwas mit der Welt zu tun haben. Aber obwohl wir die Repräsentationslogik und ihre Krise durchschaut haben und ahnen, dass die Bebilderung der Welt nicht mit der Realität der Welt zusammenfällt, und dass die Manipulierbarkeit von Bilderwelten sehr groß ist, schalten wir nicht ab, sondern allerhöchstens um. Denn keiner möchte auf die Bilder und die Welt verzichten. Selbst diejenigen Fernsehbilder, die uns schockieren, weil sie sich durch die Durchbrechung von Sehgewohnheiten auszeichnen, enthalten keine Negation *ihrer selbst*. Man kann sich nicht kein Bild machen, indem man sich ein Bild macht.

Das Fernsehen ist nicht nur das Fenster zur Welt, sondern auch der Spiegel des Eigenen. Wir erkennen uns wieder, sei es bei *Bonanza*, in der Sportschau oder bei Christiansen, wir befinden uns im Kreise guter Bekannter. Fernsehen ist dementsprechend die Vergewisserung des Gewohnten; und dass Menschen Medien zur Selbstvergewisserung nutzen, kann man durchaus als anthropologische Konstante bezeichnen. Das Fernsehen vermittelt eine Selbstverortung. Wenn auch Liebesbeziehungen in die Brüche gehen und der Arbeitsplatz sich in Luft auflöst, wenn Frauen auf einmal Bildungskarrieren machen und die Kinder in alle Winde zerstreut leben, wenn auf politische Parteien kein Verlass mehr ist und die Kirche einem nichts mehr zu sagen hat, dann bleibt die Gewissheit der Rituale im Fernsehen. Die Tagesschau beginnt um 20.00 Uhr, in den Privaten gibt es nach zwanzig Minuten Werbung, und nach fünfundvierzig Minuten steht der Mörder fest. Rituale geben Sicherheit.

Das Fernsehen erzeugt Regelhaftigkeit und Informationsbedarf, es konstituiert Stabilität und Irritation, Vergewisserung und Unsicherheit, es schafft das große Ganze. Leben wir auch im Zeitalter des Endes der großen Erzählungen (Lyotard), so gibt es nichtsdestoweniger einen Ort, wo sie doch nicht untergehen: im Fernsehen. Hier geht es nicht nur um die großen Themen wie Liebe, Geld, Macht und Tod, sondern immer auch um das Ganze, um das Paradies, um die Vertreibung aus dem Hort der Glückseligen, um das Chaos und die Schmerzen und um die letztendliche Versöhnung und das Heil, in dem alles, Liebe, Geld, Macht, Tod, die Götter und die Menschen aufgehoben sind. Das Ritual des Fernsehens erzeugt das Alpha und das Omega im Zeitalter des Nihilismus. Denn das, was sich prinzipiell immer wiederholt, muss sinnvoll und wahr sein und muss überzeitliche Geltung haben, denn sonst wäre es doch dem Untergang geweiht.

Der Ernst des Spiels

Rituale und Spiele stehen in einem komplizierten Wechselverhältnis. Weil Rituale die Funktion haben, Stabilität und Wiederholbarkeit zu sichern, müssen sie in hohem Maße gleichförmig und konformistisch ausgestaltet werden. Es können nicht alle Regeln, Werte, Normen und Gewohnheit ständig aufs Spiel gesetzt werden. Allerdings sind Rituale nie so starr, stereotyp und absolut identisch, dass sie keine Spielräume für Veränderungen und Innovationen zuließen. Zwar brauchen Rituale Homogenität, gelegentlich auch formale und inhaltliche Rigidität, doch sind diese nie frei von spielerischen Elementen. Das Spielerische im Ritual ist durch einen Ernst gekennzeichnet, der gewisse Grenzen wahrt, und so die Pflicht mit der Freiwilligkeit, die Solidarität mit der Individualität, aber auch die Affirmation mit der Kritik zu verknüpfen in der Lage ist. Im ritualisierten Miteinander der Akteure ergeben sich Spielräume für spontanes und kreatives Handeln, in denen die gemeinschaftlichen Normen zeitweise außer Kraft gesetzt werden können, um sie dann – mittels spielerischer Einübung – erneut dem Bewusstsein und den Körpern der Beteiligten zu vermitteln; oder es werden mittels spielerischer Hinzunahme von neuen Themen und Handlungsformen in das Ritual Möglichkeiten der Kritik bestehender Zustände und ihrer Veränderung und Subversion erprobt. Im Spielerischen des Rituals konvergieren Macht und Normativität mit Kritik und Kontingenz. Rituale haben bestimmte immer wiederkehrende inszenierte Formelemente, die von den Gemeinschaften in durchaus spielerischer Weise bearbeitet werden. Gerade diese spielerische Seite des Rituals dient der Selbstvergewisserung der Gemeinschaften.

Allerdings ist es ziemlich mühsam zu definieren, was denn ein Spiel ist. Die Versuche, das Spiel als das zu definieren, was es nicht ist, nämlich Arbeit, Wirklichkeit, Notwendigkeit, Ernst können allesamt als fehlgeschlagen gelten. Das Spiel ist natürlich auch Arbeit, bezieht sich auf Wirklichkeit, hat seine Notwendigkeiten und kann furchtbar ernst werden. Man kann frei spielen oder einem Regelspiel folgen, experimentieren oder ein Lernspiel absolvieren oder schlicht Spielerei betreiben. Das Spiel definiert, dass es nicht zu definieren ist, weil es eine Art Urphänomen darstellt, aus dem sich vieles, wenn nicht die ganze Kultur erklären lässt (Huizinga).

Zunächst fällt auf, dass es für viele Sprachen keine eindeutige Etymologie des Spielbegriffs gibt: Das »Spiel« ist ein aus mehreren, differenten Zusammenhängen entstandenes Begriffsfeld. Das kann man an der französischen Übersetzung von Spiel als *jeu*, *execution*, *match* und *partie* zeigen oder auch im Englischen nachweisen. Hier bedeutet *play* nicht nur Spiel, Spaß, Scherz, Aktivität, Zeitvertreib und Wette, sondern meint auch: aufspielen, handhaben, begleiten, sein Spiel treiben, tändeln, flirten, etwas freien Lauf lassen oder in Gang bringen; »daneben« finden wir den Begriff *game*, der nicht nur Spiel, sondern auch Belustigung, Unterhaltung, Zeitvertreib, Runde, Partie, Spielstand, Kniff, Schliche oder Risiko bedeutet. Darüber hinaus gibt es den Begriff *match*, dessen Bedeutungshof das Spiel, die Partie, den Wettkampf, das Turnier, aber auch die Heirat, das Pedant, den Ebenbürtigen und das Gegenstück meint und schließlich *gamble*, das neben dem Spiel, die Momente des Risikos, des Wagnisses, der Spekulation und des Verspielens umfasst.

Die Etymologie im Deutschen geht vor allem auf das gotische *laikan*, auf das Springen bzw. auf die rhythmische Bewegung oder auch auf das gotische *lâc* bzw. *lâcan*, das den Tanz oder die körperlichen Übungen meint, zurück; darüber hinaus finden sich aber auch Zusammenhänge zum altsächsischen *plegan* und zum althochdeutschen *pflegan* (engl. *play*; mhd. *spil*: Zeitvertreib, Vergnügen, Saitenspiel, Würfelspiel), das die spielerische Semantik des Körpers und der Handlung auf sakrale, juristische und ethische Dimensionen erweitert, da es den Bedeutungsumfang von »für etwas einstehen, etwas beherzigen, sich für jemanden einer Gefahr oder einem Risiko aussetzen« (Huizinga) umfasst. Der Begriff des Spiels »spielt« also mit seinen selbst errichteten Grenzen. Er unterläuft die Unterscheidungen in Entweder-Oder. Daher lässt sich sagen: Der Sinn des Spielens liegt im praktischen Vollzug, in seinem »Einsatz«, in seiner Aktivität und seinem Risiko: Der Spielfall ist immer auch der Ernstfall.

Spielen bedeutet daher primär, seinen Tätigkeiten freien Lauf lassen. Es eröffnet somit nicht nur die Möglichkeiten der Selbsterfahrung und des Selbstbewusstseins, sondern auch die Möglichkeit der Erfahrung des Andersseins und der Entgrenzung. Spielerische Erfahrungen vermitteln mir, dass ich es bin, der dieses Leben zu führen hat, dass ich es bin, der es zeitlich strukturiert und dieser Strukturierung Bedeutung verleiht und dass ich es bin, der hierbei eine Veränderung erfährt. In der Spielwelt kommt es zu einer Intensivierung, zu einer Verdichtung der Prinzipien des Lebens, hier geht es um Sieg oder Niederlagen, Zufall und Geschick, Rausch und Ekstase,

Verkleidung und Inszenierung (Caillois). Der Mensch, davon war Friedrich Schiller überzeugt, ist nur dann wirklich Mensch, wenn er spielt und somit die Fülle seiner Möglichkeiten ausprobiert. Im Spielen bekommt die Zeit gleichsam einen Inhalt und wird doch aufgehoben; im Spiel lässt sich Konstantes mit Veränderungen spielerisch verknüpfen.

Denn wer spielt, ist nicht von dieser Welt. Er grenzt die gemeine Welt aus, entfernt sich von den realen Alltagsproblemen und baut sich eine Eigenwelt mit anderen Werten, Regeln und Normen. Das Spiel ist eine gespielte Welt. Real ist nur das Spiel selbst, nicht aber das, *was* das Spiel spielt. Natürlich versteht man das Spiel, weil dieses nicht eine vollkommen fremde Welt, sondern nur unsere Welt anders präsentiert wie repräsentiert. Es zeigt uns, welche Entscheidungen hier getroffen werden, welche Machtstrukturen entscheidend sind und wie das Denken strukturiert ist. Kurz, das Spiel ist eine mimetische Welt (Gebauer/Wulf). Das Spiel zeigt die Gesellschaft in Form einer Aufführung, es führt vor, wie man die Welt verstehen kann. Das Spiel zeigt uns als Konstruktion, wie wir die Welt konstruieren können.

Die Welt des Spiels als »Welt als ob« ist eine merkwürdige Welt. In ihr können wir z. B. einen zweiten Körper, einen Spielkörper haben, aber in ihr gelten auch seltsame Regeln der Interaktion. Im Spiel kann mit einer gewissen Plausibilität behauptet werden, dass die Aussage: »Ich liebe dich«, zwar zwischen Bühnenfiguren wie Romeo und Julia funktioniert, aber nicht als reale Feststellung zwischen den Darstellern. Der Spielrahmen weist darauf hin, dass alle in ihm geäußerten Behauptungen eine eigene Realität besitzen. Erklärt Romeo seiner Julia seine Liebe oder – um den Spielrahmen zu variieren – pfeift der Schiedsrichter ein Tor, so glauben wir an Romeos Aufrichtigkeit ebenso wie an eine Veränderung des Spielstandes. Die Wirklichkeit im Spiel ist aber nicht *real*, sondern nur *spielerisch* wirklich. Und diese spielerische Wirklichkeit erzeugen wir durch unseren Glauben an diese.

Damit dieser Glaube zustande kommt, gibt es Rituale. Die

Rituale sind hier sozusagen die Korsettstangen der Sonderwelt des Spiels. Die Vorbereitung auf den Besuch im Theater oder im Fußballstadion, die Fahrt dorthin, das Ausgehen der Lichter und der Anpfiff, die Erfüllung existenzieller Bedürfnisse in der Pause, die Gespräche und Kommentare hinterher sind rituelle Rahmungen, die das Spiel erst zum Spiel werden lassen. Indem wir uns rituell verhalten, wird der Glaube an das Spiel erzeugt. Man glaubt ja gelegentlich auch, weil man betet und betet nicht immer, obwohl man glaubt. Wenn wir die Situation als spielerische wahrnehmen, so sind wir davon überzeugt, dass diese Situation auch nur spielerische Effekte nach sich ziehen kann. Wenn wir umgekehrt eine rituelle Szene als wirklich interpretieren, so glauben wir an realistische Konsequenzen, die etwa mit einer Einschulung oder Hochzeit verbunden sind. Betrachtet man bestimmte Situationen mit den Augen eines Fremden, so gibt es keinen Unterschied zwischen dem »Ich liebe dich« auf dem Standesamt und dem »Ich liebe dich« in *Romeo und Julia*; hier wie dort finden wir Fassaden, Öffentlichkeiten, inszenatorische Gestaltungen, eingeübtes Verhalten und überschäumende Emotionen. Eine Frage der rituellen Wahrnehmung entscheidet darüber, inwiefern wir dem »Ich liebe dich« in diesem Augenblick bloß unbedeutende oder bedeutende Folgen attestieren.

Dabei bezieht sich die Illusion des Spiels nicht auf die Darstellung, sondern auf das Dargestellte. Dieses unterliegt dem probehaften Charakter der *illusio*. Der Ernst des Dargestellten ist »nur« gespielter Ernst, während man durchaus ernst spielen kann. Genau diese Differenz müssen Kinder lernen, die noch gänzlich im Spiel aufgehen können, da sie noch keine Distanz und keine Ironie gegenüber dem Gespielten entwickelt haben. Erwachsensein bedeutet vor allem, semiotisch versiert sein, bedeutet zu wissen, dass zwischen den Handlungen und ihren Bedeutungen eine bedeutungsvolle Kluft liegt. Im Spiel befinden sich Spieler und Mitspieler im Raum des Als-ob. Hier können Probleme und Konflikte auf unmartialische Weise reguliert werden, denn hier finden lediglich symbolische

Kämpfe statt. Im Spiel haben wir reale Fiktionen, im Leben fiktive Realitäten. Das Spiel bringt in seiner Weltflucht die Welt auf den Begriff, es entzieht sich der Welt, indem es sich auf sie bezieht.

Porzellan zerschlagen oder Wie streite ich richtig?

Streit kommt, wie man weiß, in den besten Familien vor. Vielleicht auch gerade dort. Denn hier nimmt man sich Zeit für die Schwächen des anderen. Rituale liefern den Rahmen, um Ärger, Wut, Hass oder einfach nur die Lust an den kleinen Bosheiten des Alltags abzureagieren, und wenn sie gelingen, führen sie dazu, den anderen nicht so zu verletzen, dass er sein Gesicht und seine Selbstachtung verliert, und von daher auch gerne bereit ist, weiterzustreiten. Für den Ausnahmezustand Streit schafft das Ritual eine Strukturierung und einen Rhythmus. Man weiß, wie man streiten muss, wie man sich an die Spielregeln hält, man kennt die Organisation der Auseinandersetzung. Der Streit bekommt zeremonielle Züge, ob er nun als gewöhnlicher Disput oder als außergewöhnlicher Krach daherkommt. Man muss nicht immer entscheiden, wie man die Blößen des anderen neu aufdeckt, wenn es sich wiederholende Techniken des gemeinsamen Kampfes gibt. Das Streiten lässt sich durch Rituale stabilisieren und gewisse Auseinandersetzungen gewinnen einen geradezu anheimelnden Charakter. Auch das ritualisierte Streiten kann das Gefühl von Geborgenheit und Wärme vermitteln. Wenn das Zerschlagen von Porzellan absolut vorhersehbar ist, darf man sicher sein, dass alles so kommt, wie es immer schon war. Auch das schafft Vertrauen.

Wichtig dabei ist, dass man sich nicht irgendwann einmal – demokratisch – auf die Regeln der Auseinandersetzung geeinigt hat, sondern allein, dass die für den Streit relevanten Bedürfnisse der Beteiligten zu ihrem Recht kommen. Auch Streitrituale müssen Spielräume für die Entwicklung neuer boshafter Wünsche bieten, dürfen nicht starr und rigide sein, so dass die Kombattanten nur noch lustlos vor sich hin werkeln. Streitrituale sollten Räume für die niederen Instinkte und für perverse Fantasien bieten, damit sie frisch und lebendig bleiben. Mit Hilfe kleiner symbolischer Gesten lassen sich hier Bedeutungen vermitteln, die das Gegenüber in Rage und die eigene Person zum Jubeln bringen. Mit anderen Worten: Für Streitrituale sind die aufmerksame Zelebrierung und die emotionale Polyvalenz von zwingender Bedeutung.

Obwohl gewissermaßen jede Situation zu jeder Zeit Anlass zum richtigen Zoff geben kann, streitet man sich doch gerne, wenn man mehr Zeit zur Verfügung hat, am Feierabend, oder sehr beliebt: am Wochenende, oder sehr katastrophal: im Urlaub. Hier kann man sich richtig Zeit für den anderen nehmen, sich seinen Interessen widmen, und die etwas müde gewordene Beziehung pflegen, die im Alltag oft zu kurz kommt. Während in der Woche kaum Zeit für eine ordentliche Auseinandersetzung bleibt, kann man nun die Stunden genießen, in denen der Haussegen so richtig schief hängt. Das Abschalten vom Gewöhnlichen und das Einschalten des Dringlichen führt unweigerlich zu der nicht immer reflektierten Erkenntnis, dass das, was ist, nicht alles sein kann und dass genau daran der andere schuld ist. Streitrituale lösen Sinnkrisen besonders sinnvoll, da man seine Probleme direkt mit dem schuldigen Kontrahenten »verhandeln« kann. Sie dienen der Entladung aufgestauter, frustgesättigter Projektionen. Da alles, auch Rituale, seine Zeit braucht, sollte man sich gemeinsam Zeit für diese emotionalen Prioritäten nehmen.

Denn eine gepflegte Streitkultur kann zum Gelingen einer Gemeinschaft in nicht unerheblichen Sinn beitragen, tut man doch regelmäßig etwas zusammen und das verbindet schließlich. Um diesen Gedanken nachzuvollziehen, sollte man sich von verschiedenen, oftmals sehr ideal, ja utopisch gedachten Gemeinschaftsbegriffen verabschieden. Zwar gibt es die Idee, dass Gemeinschaften sich durch Rituale konstituieren, verfestigen und bestimmen schon sehr lange, doch bislang hat man sehr merkwürdige Vorstellungen davon, was denn eigentlich den Kern einer Gemeinschaft ausmacht. So glaubt man im Umkreis biologischer und romantisierender Vorstellungen, dass sich Gemeinschaften durch eine vorgängige, organische oder natürliche Einheit auszeichnen, die durch Abstammung (Blut) und räumliche Gegebenheiten (Boden) zustande kommt. Dahinter steht die seltsame Idee, dass sich, wenn man nur lange genug gemeinsam einen Acker bearbeitet hat, gleichsam wie von selbst eine Gemeinschaft bildet. Andere wiederum, die eher der psychologischen Fraktion angehören, glauben, dass man Gemeinschaft am besten als subjektiv gefühlte Zusammengehörigkeit der Beteiligten definiert. Dabei bleibt natürlich offen, ob die in Frage stehenden Gefühle immer nur das Beste des anderen intendieren und ob sich diese Form der Gemeinschaft nicht unterschwellig aus der Summe verschiedener Egoismen speist. Wiederum andere, meistens Ethnologen und Soziologen, sind der Ansicht, dass Gemeinschaften sich durch ein gemeinsam geteiltes symbolisches Sinnsystem auszeichnen. Das gemeinsame Verstehen von Zeichen und Gesten verbürgt hier ein wechselseitiges Verstehen, da man sich nicht nur gemeinsam auf die Bedeutung von Zeichen eingelassen hat, sondern auch immer schon auf eine Gemeinschaft, die diesen Zeichen einen entsprechenden Sinn verleiht. Was aber, wenn Verstehen, wie uns die Sprachanalytiker nahe legen, immer ein Konstrukt von Verstandenem und Nichterkanntem darstellt – habe ich dann die Gemeinschaft richtig oder doch falsch verstanden? Hier hilft vielleicht die von den so genannten Kommunitaristen vertretene Idee, dass Gemeinschaften sich durch einen kollektiven Wertekonsens und gemeinsame moralische Lebenserfahrungen auszeichnen, die zu Herzensgewohnheiten geworden sind. Alle Gemeinschaften sind dabei wiederum matroschkahaft in einer allumfassenden Gemeinschaft aufgehoben, so dass es keinen Streit zwischen den verschiedenen Gemeinschaften geben kann. Unterstellt man aber, dass Gemeinschaften nur in noch umfassenderen Gemeinschaften funktionieren, so vermag man nicht mehr zu sagen, warum sich der Einzelne seiner Familie gegenüber verbundener fühlt als gegenüber der Freiwilligen Feuerwehr, wenn denn in beiden Gemeinschaften der gleiche soziale und moralische Geist waltet.

Daher lautet die hier vertretene These, dass der Kern einer Gemeinschaft in der Art und Weise der psychischen und physischen Auseinandersetzung besteht. Gemeinschaften erscheinen weniger als homogene, strikt integrative und authentische Nahräume, sondern als prekäre Erfahrungsfelder von Spannungen, Grenzziehungen, Aushandlungsprozessen und Streitigkeiten. Wenn alle etwas anderes von den anderen erwarten, oder noch schlimmer: wenn alle das Gleiche erwarten, nämlich Harmonie, Eintracht, Solidarität und Gemeinsamkeit, geht die Sache in der Regel schief. Entscheidend wird daher der *performative Stil* von Gemeinschaften, die Art und Weise, wie die Gemeinschaft mit Spannungen, Krisen und Katastrophen umgeht. Gibt es etwas Schöneres als einen sinnlich-besinnlichen, feierlichen Streit, der die Verbindung unter den einzelnen Gemeinschaftsmitgliedern erhält und stärkt, der das Gemeinschaftserleben möglich macht und dem Einzelnen das Gefühl vermittelt, sich selbst und den anderen bei dieser Gelegenheit noch besser kennen zu lernen?

Sehen wir uns hier ein wunderbares Beispiel einer ritualisierten Streitkultur an, ein System gegenseitiger Provokationen, das Martha und George in Edward Albees Theaterstück »Who's afraid of Virginia Woolf ...?« aufführen und das sie bis zur Perfektion beherrschen. Die ritualisierten Sequenzen dieses mustergültigen Ehepaars folgen dem Prinzip: »Was immer du tust, kann ich viel besser« (Watzlawick u. a.). So finden wir immer wieder hinreißende gemeinschaftliche Eskalationen: »MARTHA *überlegt eine Sekunde*: Du kotzt mich an! – GEORGE: Was? – MARTHA: Du ... Du kotzt mich an! – GEORGE: Das war nicht sehr nett, Martha. – MARTHA: Das war nicht was? – GEORGE: ... nicht sehr nett! – MARTHA: Dein Zorn imponiert mir! Ich glaub', ihn liebe ich am meisten an dir … Deinen Zorn! Mensch, bist du ein … Waschlappen! Du hast keinen Funken … keinen Funken … na, was denn schon …?! – GEORGE: … Mumm in den Knochen …? – MARTHA: Quatschkopf! – *Pause. Beide lachen*« (Albee).

Natürlich hält das Einvernehmen, das durch das Lachen signalisiert wird, keine fünf Sekunden, dafür sind sich Martha und George in ihren rituellen Strategien viel zu ähnlich. So finden wir nicht viel später gleich den nächsten wunden Punkt: »MARTHA: Hör' auf! Fang' nicht damit an! *Pause.* Du bist auch nicht mehr der Jüngste. – GEORGE *wie ein Junge*: Ich bin sechs Jahre jünger als du … ich war's immer … *singt*: ›… und werd' es e-e-wi-ig, e-e-wi-ig, blei-ei-ei-ei-ei-ei-ei-ben!‹ – MARTHA *sauer*: Du kriegst eine Glatze. – GEORGE: Du auch. – *Pause. Sie lachen beide*« (Albee). Die beiden sind so geschickt aufeinander eingespielt, dass jeder Vorwurf durch den anderen gespiegelt zum Eigentor wird. Sie spielen ein Spiel nach den rituellen Regeln, die verhindern, dass dieses Streitspiel jemals zu einem Ende kommt. So ist jedes dieser hemmungslosen partnerschaftlichen Endspiele zugleich ein Spiel ohne Ende: »GEORGE: Monstre! – MARTHA: Cochon! – GEORGE: Bête! – MARTHA: Canaille! – GEORGE: Putain!« (Albee). Nicht überall finden wir so viel Harmonie und wechselseitiges Verständnis.

Streitrituale können der ideale Raum für die schonungslose Offenheit des Intimen sein. In einem Zeitalter, in dem der Begriff des Authentischen schwer definierbar erscheint, und das alltägliche Leben mehr und mehr zum Theater wird, in dem jeder seine Rolle spielt, bieten diese Rituale den optimalen Rahmen, um die (dunklen) Möglichkeiten auszuloten, die unser Sein im Innersten bewegen. Streitrituale sind unerlässlich zur Darstellung und Realisierung des Intimen, auch wenn dabei hinter den Masken und Verstellungen nur das »einsame, armselige, ekelhafte und tierische Leben« (Hobbes) zum Ausdruck kommt. Streitrituale sind die gemeinschaftlichste Form des Persönlichen, sind ganz besondere Veranstaltungen, in denen man sich wechselseitig seine egozentrische, narzisstische Wertschätzung zu teil werden lässt. Hier geht es an das Eingemachte, das Eigentliche.

Gute Nacht!

Nicht nur innerhalb von Familien, aber vielleicht dort in einem besonderen Sinne, wünscht man sich eine gute Nacht. Und natürlich braucht man gerade hier Gutenachtgeschichten, um für die Kinder den Übergang vom Tag in die Nacht angenehm zu gestalten, denn dieser ist für die Jüngeren oft mit der schwer erträglichen Situation des Abschiednehmens vom Vertrauten und Geliebten verknüpft. Das Schlafen macht, obwohl überlebensnotwendig, Angst – worauf unter anderem der Volksmund hinweist, der den Schlaf als den Bruder des Todes versteht. Die Gutenachtgeschichte oder das Gutenachtlied ist den Kindern ein existenzielles Bedürfnis, signalisiert es ihnen doch Ruhe und Geborgenheit oder noch schlichter und wichtiger den Sachverhalt, dass die Eltern sich Zeit für sie nehmen und sich um sie kümmern, sie in diesem Augenblick nicht alleine lassen. Wenn, wie Wissenschaftler herausfanden, Mütter (Väter nicht?) sogar im Rhythmus ihres weiblichen Herzschlages singen, so stellt sich quasi wie von selbst die Situation der intrauterinen Existenz wieder her, die dem Paradies ja recht ähnlich sein soll. Gutenachtrituale sind also Übergangsrituale, die den Übergang vom Tag in die Nacht erleichtern sollen. Sollten die Eltern für diese Rituale keine Zeit finden, werden diese nicht selten durch ein Übergangsobjekt (Winnicott) begleitet: was dem einen hier sein Betthupferl, ist dem anderen (natürlich) sein Kuscheltier, während der dritte es mit dem Fernseher hält. Denn mit Hilfe von Schokolade, Teddybär und Teletubbies weiß man, dass diese Welt von Grund auf in Ordnung ist und dass alles seinen Sinn hat, auch das Schlafen. Gutenachtrituale schlagen eine sinngesättigte Brücke über das

Nichts. Daher bringt auch die geringste Abweichung des rituellen Ablaufs einen Riss in diesen kosmologischen Steg. Und daher rührt auch die Unmöglichkeit, die Übergangsobjekte wie Puppen, Teddybären und Schmusekissen dem hygienischen Gewissen entsprechend in die Waschmaschine zu stecken, damit diese wieder den allgemeinen Reinheitsstandards entsprechen. Damit zerstört man nur jene Geruchs- und Geschmackswelten, die mit ihrer allumfassenden Atmosphäre den Kindern eine sinnliche Sicherheit von Welt vermitteln.

Im Schlaf ist der Mensch mit sich alleine, zieht er sich von der Welt zurück und flüchtet in die Wunschwelt des Traumes hinein. Gutenachtrituale lösen den Menschen vom Alltag und der Welt und konfrontieren den Einzelnen mit sich selbst, lassen das Ich Welt werden. Die Selbstbegegnung mit dem Ich aber kann Angst zur Folge haben, weiß man doch nie oder nur zu genau, wer einem da nachts begegnen wird. Gerade deshalb ist es wichtig, dass Gutenachtrituale uns auch das Gefühl vermitteln, dass aus dem »Ablauf der Stunden, der Ordnung der Jahre und der Welten«, die der Schlafende im Traum durchmisst, das Ich »in seinen originären Zügen« (Proust) wieder entsteht. Gutenachtrituale versprechen uns, dass wir in der Undurchsichtigkeit und Diffusität der Nacht nicht untergehen, nehmen uns den Schauer und das Entsetzen vor der puren Existenz, das Erleben des »reinen Seins« der nächtlichen Atmosphäre, in der, wie bekannt, alle Katzen grau sind.

Versetzen wir uns in die Situation eines Kindes, das keinen Schlaf findet und im Dunkeln auf das unendliche Rauschen der Nacht hört. Das Zimmer ist Schweigen, es gibt nichts, außer einer Leere und den leisen Geräuschen, das leise Murmeln eines »Es gibt« (Finkielkraut). Man kann diese Situation als eine solche verstehen, in der die Existenz in ihrer Reinheit des Existierens vorstellbar wird, in der sich das »Grau(en)« ereignet: Das Kind hat Angst vor dem Alleine-in-der-Nacht-Sein. In nicht existenzialistischer Terminologie lässt sich die kindliche Angst im Dunkeln als Angst vor der Konturlosigkeit von Welt begreifen. Das Kind wird gewahr, dass die Welt ihm keine (sinnlichen) Anhaltspunkte mehr liefert, an die es *sich* halten kann. Da ihm die Möglichkeit einer Beziehung, einer Zustimmung oder Ablehnung des Bestehenden genommen wird, bekommt es in dieser Situation, in der es nur noch das »Es gibt« feststellen kann, Angst. Nicht die Stille oder die Dunkelheit bilden den letzten Grund des Schreckens. Das Entsetzen vor dem »Sein«, das als Angst vor dem In-der-Welt-Sein erscheint (Heidegger), besteht in der Nichtexistenz des anderen. Das Entsetzen vor dem Sein ist ein Entsetzen vor dem Alleinsein angesichts der vermeintlichen Unendlichkeit der Nacht. Denn die Einsamkeit ist immer eine »All-Einsamkeit«, ein Alleinsein, in dem einem kein Mensch mehr mit Hilfe zur Seite steht.

Die Funktion des Gutenachtrituals bedeutet, um im Bild zu bleiben, das Versprechen auf das Morgengrauen. Die Dinge gewinnen Kontur, man entkommt der Anonymität und vergegenwärtigt sich seinen eigenen Standort angesichts der Fülle der Dinge. Man fühlt sich eingebunden in ein größeres Ganzes und ist sich sicher, dass es die helfenden anderen gibt. Das Kind ist nun wieder in der gemeinsamen Welt angekommen. In der Nacht erscheint es angesichts der Unendlichkeit der Räume und der Unendlichkeit der Zeiten rettungslos verloren, nunmehr aber fühlt es sich wieder in der Familie geborgen.

Indem die Familie sich wechselseitig »Gute Nacht« wünscht, lassen sie einen religiösen Sinn erfahrbar werden. Zwar schläft jeder für sich alleine, doch die »Gute Nacht« führt alle wieder zusammen. Dieser Gruß vermittelt etwas von dem Heil, dem Heilen, dem Gesunden, Immunen, Geborgenen und Unversehrten und vom Vertrauen, vom Kredit, vom Zuverlässigen und der Treue, also von den Momenten, die für Menschen unverzichtbar scheinen. Sie gewährleisten, dass man die Zufälligkeiten und Notwendigkeiten des Lebens in eine letztgültige Synthese überführen kann.

Gutenachtrituale dienen der Familie also als ein Sinnreservoir, das in einer entscheidenden Situation die primären familialen Bindungen zur Verfügung stellt – Werte, die mit Glück, Harmonie, Liebe, Vertrauen, Verstehen, gemeinsames Schaffen und Helfen, mithin mit Familiarität umschrieben werden. Die Familie vermittelt das ozeanische Gefühl einer positiven kosmologischen Ordnung: »Alles wird gut.« Hier erscheint der Kosmos noch überschaubar und geordnet, hier repräsentieren die Eltern für das Kind noch eine Totalität, hier lässt sich *grosso modo* jener Glauben finden, der dafür bürgt, dass Vertrauen nicht hintergangen wird, Liebe nicht in Chaos endet und Versöhnung sich nicht als Betrug entlarvt. In diesem Sinne ist jede Familie »heilig«, und sind auch die familialen Rituale heilig, weil sie einen heiligen, kosmologischen Rahmen schaffen. Heiligkeit erscheint in diesem Sinne nicht nur als Projektion menschlicher Ordnung, als kosmische Spiegelung kindlicher Erfahrung, sondern als absolute Bestätigung von Ordnung schlechthin (Berger). Die Familie geht für ihre Mitglieder über die Wirklichkeit hinaus, weil in ihr die Angst vor dem Chaos aufgehoben werden kann. Diese Aufhebung basiert auf dem Glauben, dass alles, so wie es ist, gut ist, dass man dem Sein und dem Tag und nicht dem Nichts und der Nacht vertrauen kann. Die Rationalität dieses Glaubens an die familiale Ordnung rührt daher, dass auch die anderen Familienmitglieder an sie glauben. Dann also: »Gute Nacht!«

Situationen und Traditionen

Eine bürgerliche Einladung

Wer eine Einladung annimmt, unterwirft sich oft unbewusst einem recht komplizierten Ritual. Schon das Aussprechen einer Einladung folgt sehr subtilen Erwägungen, Statusverhältnissen und strategischen Überlegungen. Wer wen wie und warum einlädt, sagt viel über den Gast und noch mehr über den Gastgeber aus. Weil aber die Verhältnisse von Gast und Gastgeber so kompliziert sind, gibt es Rituale, die uns dabei helfen, die Komplikationen auf ein für alle Beteiligten handhabbares Maß zu reduzieren. Rituale sind in diesem Sinne Vereinfachungsmechanismen, die die Zufälligkeiten begrenzen und die unendlichen Möglichkeiten auf die Norm des Üblichen verringern. Sie sagen uns, was zu tun ist und wie wir uns zu verhalten haben, und entheben uns damit der Aufgabe, über jeden unserer Schritte nachzudenken, ständig neue Entscheidungen zu treffen oder Situationen neu aushandeln zu müssen.
In Gastgeberverhältnissen geht es um das prekäre Verhältnis von Nähe und Distanz. In der Regel ist dabei die Einladung das Ritual, das aus einer distanzierteren Beziehung eine engere und freundschaftlichere herzustellen intendiert. Doch wir finden auch Einladungen, die das Gegenteil im Auge haben, die nämlich die etwas zu eng geratenen Verhältnisse wieder auf eine geschäftsmäßigere Ebene bugsieren möchten. Einladungen sind also riskant, weil sie zu zu großer Nähe wie zu zu großer Ferne führen können, und unterliegen daher peniblen mikrorituellen Schritten, die eine kontrollierte Öffnung und Schließung von Verhältnissen ermöglichen. Gastfreundschaft ist ein riskantes Unternehmen, setzt man dabei doch sich

selbst und das, was einem wert und teuer ist, aufs Spiel. Gleichwohl kennt man die Gastfreundschaft in allen Gesellschaften, und das wohl einerseits deshalb, weil Gäste für das Selbstverständnis wichtig sind, insofern ich nur etwas über mich sagen kann, wenn ich mich von anderen abgrenze; andererseits ist die Gastfreundschaft wichtig, weil man mit ihr einem fundamentalen menschlichen Kompensationsbedarf genügen kann, denn Gäste zeigen einem die Möglichkeiten eines anderen Lebens.

Um die prekäre Spannung zwischen Gastrecht und Hausfrieden auszubalancieren, braucht man starke normative Geländer, die aus Bräuchen und Ritualen bestehen. Denn die Verhältnisse von Gast und Gastgeber pendeln zwischen Selbstabschließung und Selbstaufgabe. Sie sind daher streng ritualisierte Beziehungen, die aber für beide Seiten aufkündbar sind. Natürlich macht es keinen guten Eindruck, die Party schon frühzeitig zu verlassen oder seine Gäste schlicht aus dem Haus zu komplimentieren, doch jeder weiß, dass es diese Möglichkeit gibt. Sitten, Bräuche und Rituale normieren und begleiten das soziale Experiment dieses wechselseitigen Austauschgeschehens.

Nehmen wir als Beispiel das gemeinsame Abendessen zweier Ehepaare mittleren Alters, die der gebildeten Mittelschicht angehören (Stagl). Wir nennen der Einfachheit halber das ältere Ehepaar Hinz und das jüngere Ehepaar Kunz. Sie sind beruflich miteinander verbunden, kennen sich aber noch nicht lange. Üblicherweise geht in diesen Kreisen die Ersteinladung von den Älteren aus; fast ist es überflüssig zu sagen, dass sie nur einen ihnen passenden Personenkreis überhaupt für einladungsrelevant erachten. Familie Hinz würde nie ein ihnen nicht standesgemäßes Mitglied »niederer« gesellschaftlicher Schichten, weder Obdachlose, Punks oder Geisteskranke, noch Angehörige der *high society* wie den Bundespräsidenten oder Vertreter des Hochadels, noch Menschen ihnen recht fern stehender Klassen wie Künstler, Sportler oder internationaler Wirtschaftsvertreter zu einem Tête-à-Tête in ihr Haus bitten. Das Ehepaar Hinz lädt mit dem Ehepaar Kunz Menschen ein, die ihnen im Hinblick auf Stellung, Habitus, Bildung und Umgangsformen entsprechen. Sie verabreden sich also zu einem Abendessen.

Doch schon naht der nächste heikle Punkt: Essen und Trinken. Der Gastgeber muss sich befleißigen, Speisen und Getränke auszusuchen, die weder aus kulinarischen noch ästhetischen, moralischen oder religiösen Gründen die Ess- und Trinkgewohnheit der Gäste verletzen. Man sucht sozusagen den kleinsten gemeinsamen kulinarischen Nenner, ohne sich dabei »unter Wert zu verkaufen«. Denn stil- und geschmackvoll soll es natürlich sein, irgendwo zwischen Alltäglichkeit und Außergewöhnlichem. Hier rät das »Goldene Anstandsbuch«: »Man sollte eine zu große Ausdehnung der Speisenfolge vermeiden, denn es ist durchaus nicht notwendig, dass ein Menü so kostspielig zusammengesetzt sei, wie es in fürstlichen Häusern geschieht. Für eine kleine Abendgesellschaft genügen zwei warme Gerichte oder ein warmes Vorgericht mit nachfolgender kalter Küche« (Eltz). Ein analoges Problem haben die Eheleute Kunz im Aussuchen eines passenden Gastgeschenks, denn Pralinen sind vielleicht zu gewöhnlich, Cognac auf jeden Fall nicht zeitgemäß und ein Buch wohl doch zu gewagt. Geschenke aber sind bei Einladungen wichtig. So schenkt man, weil das Schenken uns mit den anderen Menschen in Verbindung bringt und hält. Geschenke symbolisieren die sozialen Beziehungen und den Wert, dem man den anderen und sich selbst beimisst. Gelegentlich funktionieren natürlich auch Beziehungen, die völlig ohne Geschenke auskommen und trotzdem nicht zusammenbrechen, doch im Allgemeinen erhalten kleinere und größere Gesten des Schenkens die wechselseitigen Beziehungen aufrecht. Mit Geschenken kann man Beziehungen festigen und anbahnen, denn wenn man Freunden Geschenke macht, so machen (gelegentlich) auch Geschenke Freunde. Familie Kunz wählt Blumen, passend zur Jahreszeit, denn hiermit kann man am wenigsten falsch machen.

Der nächste Schritt betrifft die adäquate Garderobe. Wer einlädt und wer eingeladen wird, zieht sich um, um dem anderen zu zeigen, dass man den Alltag verlässt und einen festlichen Rahmen betritt. Man wird zu einem anderen. Ob Krawatte, Kostüm oder Schmuck – die modischen Details signalisieren den Stellenwert der Veranstaltung und, was noch wichtiger ist, sie signalisieren dem Gastgeber und dem Gast Achtung und Gunst. Daher ist es auch hier erforderlich, weder *over-* noch *underdressed* zu erscheinen. Während die zu hohe modische Kategorie die Gefahr birgt, den anderen zu beschämen und sich selbst als zu überkandidelt zu demonstrieren, besteht im Underdressing das umgekehrte Problem: man beschämt sich selbst und stempelt den Gastgeber als steifen Zeitgenossen ab.

Nun gilt es pünktlich zu sein. Das ist ein relativ neues Gebot, wenn man bedenkt, dass der Begriff der Pünktlichkeit erst im 18. Jahrhundert auftaucht. Pünktlichkeit meint dabei zunächst Genauigkeit und Präzision und wandelt sich erst gegen Ende des 18. Jahrhunderts zu der Wortbedeutung zeitliche Exaktheit, präzise Einhaltung von Terminen, modern *just in time*. Pünktlichkeit ist ein Ausdruck für die Tendenz des zunehmenden Selbstzwangs, sein Leben nach und an der Uhr auszurichten. Wer nicht pünktlich ist – und das meint auch, wer zu früh kommt –, ist kein verlässlicher Mensch, und diesen würde man auch nicht mehr einladen.

Hat man diese Klippe genommen, so findet der nächste rituelle Akt, die Begrüßung, traditionell an der Haustür statt. Traditionell deshalb, weil wir einen Hinweis auf diese Begrüßungsprozedur schon im Alten Testament finden: »Der Herr erschien Abraham bei den Eichen von Mamre. Abraham saß zur Zeit der Mittagshitze am Zelteingang. Er blickte auf und sah vor sich drei Männer stehen. Als er sie sah, lief er ihnen vom Zelteingang aus entgegen, warf sich zur Erde nieder und sagte: Mein Herr, wenn ich dein Wohlwollen gefunden habe, geh doch an deinem Knecht nicht vorbei! Man wird etwas Wasser holen; dann könnt ihr euch die Füße waschen und euch unter dem Baum ausruhen« (Gen 18, 1-4). Begrüßungen finden auf der Schwelle des Hauses statt, an der Grenze von Innen und Außen, von Kultur und Natur, von Ordnung und Chaos. Hier gibt man sich die Hände, stellt der Hausherr die Gäste seiner Ehefrau vor, bildet sich die erste Form von Gemeinschaft. Wie zu Abrahams Zeiten folgen die Angliederungsriten: Die Blumen werden der Hausfrau überreicht, ohne zu vergessen, vorher das Papier abgestreift zu haben, Frau Hinz betont, dass das nicht nötig war (obwohl alle von der Unumgänglichkeit eines Geschenkes wissen), Herr Hinz holt die Vase und man bittet die Gäste die Überkleider und Sonstiges abzulegen. Natürlich gibt es hier an diesem entscheidenden Übergang ins Haus auch einige Skurrilitäten: »Es gibt Gastgeber, die ihren Gästen überdies noch zumuten, aus ihren Straßenschuhen in Filzpantoffeln zu schlüpfen, um die hausüblichen Sauberkeitsstandards der Fußböden nicht zu beeinträchtigen, ja manche nützen ihre ordnungssetzende Macht dahingehend aus, die Gäste zum Ablegen von Sakkos und Krawatten zu drängen, was offenbar den hausüblichen Gemütlichkeitsstandards entgegenkommt« (Stagl). Und selbst die Fußwaschung findet heutzutage noch ihren rituellen Rest in der Aufforderung, sich frisch zu machen, wobei in der Regel auch gleich auf die Gästetoilette, die sich häufig im Flur und in der Nähe des Eingangs befindet, aufmerksam gemacht wird.

Mit der Öffnung der Flurtür zum Wohnzimmer sind die nächsten rituellen Floskeln verbunden. Noch vor 20 Jahren wäre wohl der Spruch: »Fühlen Sie sich wie zu Hause« fällig gewesen, eine Aufforderung, von der die Kunzes wissen, dass man sie nicht ernst nehmen sollte. Aber damals wie heute – »Kommen Sie doch bitte herein« – verbindet sich mit diesen verbalen Gesten die Botschaft, dass der Gast nun Gastrecht genießt und sich daher nicht bedroht fühlen muss. Er wird wohl heute nicht mehr seine Waffen im Flur abgeben, doch er weiß darum, dass der Hausherr nun um sein Wohl besorgt sein wird, wenn er nicht das Hausrecht verletzt. Von daher kann er – mittlerweile auch zum biedermeierlichen Wortschatz zu rechnen – sagen: »Ich bin so frei.«

Das Essen findet, so jedenfalls ist es üblich, im Ess- oder Wohnzimmer und damit auf der »Vorderbühne« (Goffman) des Hauses oder der Wohnung statt. Während nach einem die erste Befangenheit nehmenden Aperitif Frau Hinz noch kurz in die Küche verschwindet, beginnt der demonstrative Teil der Einladung: Herr Hinz zeigt Haus und Garten und vor allem Familie Hinz. Denn Einladungen haben auch einen enorm demonstrativen Charakter, in ihnen werden sämtliche Kapitalsorten (Bourdieu) vorgeführt: ökonomisches Kapital, indem man (bei diesen Grundstückspreisen!) auf die Größe des Gartens und die Quadratmeterzahl des Hauses aufmerksam macht, kulturelles Kapital, indem man (dezent) auf die Erlesenheit der Einrichtung, des Weinkellers und der Sammlung von Bildern und Musikwerken hinweist, soziales Kapital, indem im weiteren Gespräch auf Kollegen, Bekannte und ganz allgemein auf Beziehungen aufmerksam gemacht wird, die einen gewissen Status und Nimbus besitzen, und symbolisches Kapital als Wahrnehmungskapital: Hier geht es darum, ständig und überall seinen Geschmack zu beweisen und selbst noch vulgäre Objekte zu ästhetisieren. Natürlich muss man auch noch das Reproduktionskapital erwähnen, denn die schon ins Bett gebrachten, wohlerzogenen Hinz'schen Kinder werden zwecks Begutachtung den Gästen noch vorgeführt.

Man bittet zu Tisch und setzt die Gäste an den richtigen Platz, was bei größeren Gesellschaften zu Katastrophen führen kann, hier aber recht einfach ist: Die Ehepaare sitzen sich gegenüber, Herr Kunz rechts neben Frau Hinz, Herr Hinz rechts neben Frau Kunz, um durch diese Anordnung das Gespräch zu beleben. Nach Immanuel Kant sollten Tischgespräche dem Schema Erzählen, Räsonieren und Scherzen folgen. Zunächst also Neuigkeiten des Tages, dann, nachdem der erste Appetit befriedigt ist und die Gesellschaft lebhafter wird, darf räsoniert werden. Eine lebhafte Diskussion sorgt jetzt für den »Appetit für Schüssel und Bouteille«, so dass gemeinschaftlich kontrovers debattiert und auch kräftig gespeist und getrunken werden kann. Angesichts dieser Anstrengungen

und einer gewissen Mattigkeit angesichts des Genossenen ver-
fällt man nunmehr dem Witz, »zum Teil auch um den anwesenden Frauenzimmern zu gefallen«, wobei es sich empfiehlt,
sexuelle Anspielungen ohne allzu grobe Detaillierungen ein-
zustreuen, und endlich »endigt die Mahlzeit mit *Lachen*«
(Kant). Kant gibt auch einige, immer noch aktuelle Hinweise
zur Gestaltung eines animierenden, geschmackvollen Gast-
mahls. Man soll erstens einen Gesprächsstoff auswählen, der
für alle interessant und unterhaltsam ist, ohne dass er Anlass
zu Kontroversen geben kann; man soll zweitens keine tödliche
Stille, sondern nur Pausen eintreten lassen und drittens nicht
unnötig vom Thema abschweifen. Darüber hinaus verbietet
sich jede Form von Rechthaberei und sollte es doch zu einem
kleineren Disput kommen, so empfiehlt es sich fünftens, sein
Temperament im Zaum zu halten, so dass »wechselseitige
Achtung und Wohlwollen immer hervorleuchten«.
Es geht also um den wechselseitigen Genuss und das Behagen
bei Tisch; es geht darum, einen Zustand der Harmonie, des
Friedens, der Schönheit und der Gemütlichkeit für alle hervor-
zubringen. Man ist nett, aufgeräumt, ja gelegentlich herzlich
zueinander und findet, dass man zur rituellen Lockerung der
rituellen Förmlichkeiten, dem »gemütlichen Teil des Abends«
übergehen kann. Man wechselt die Sitzpositionen, gießt noch
einmal nach, kocht Kaffee und zündet sich ggf. etwas zum
Rauchen an. Das Gespräch wird flüssiger und entspannter, die
Anekdoten ausführlicher, die Witze weitergehender und der
Klatsch über Abwesende umfangreicher – bis irgendwann einmal die Gedanken verebben oder sich im Kreise drehen. Nachdem Frau Hinz schon zweimal auf die Uhr geschaut und Frau
Kunz dies auch zweimal bemerkt hat, ist die Stunde des Ab-
schieds gekommen. Ebenfalls an dieser Stelle, um sich »loszu-
eisen«, wird gerne zu rituellen Floskeln gegriffen, hier eine
Auswahl: »Wir hatten einen langen Tag«, »Wir haben noch einen langen Nachhauseweg«, »Wir müssen morgen wieder früh
aufstehen«, »Der Hund muss noch versorgt werden«, »Es ist
wirklich schon *sehr* spät geworden«, »Man soll dann aufhören,

wenn es am schönsten ist«, oder schlicht: »*Wir müssen jetzt*«. Zunächst erheben sich die Gäste, anschließend die Gastgeber und dann kommen die Danksagungen. Kunzens danken Hinzens für das gelungene Essen (»Vielen Dank für Speis' und Trank«), Hinzens Kunzens für den interessanten Abend. Der Experte rät hier folgendermaßen: »Ob man dem Gastgeber (…) *danken* soll, darüber sind die Ansichten verschieden. Meist genügt es, wenn man seine Freude über die Gesellschaft und die Bewirtung ausdrückt. (…) Es schickt sich aber nicht beim Weggehen darauf hinzuweisen, dass man sich demnächst ›revanchieren‹ wird« (Eltz). Sicher erscheint, dass man die Gäste wieder an die Tür und damit an die rituelle Schwelle begleitet. Und es ist durchaus üblich, sie auch bis zum Gartentor zu begleiten, und von dort wie aus dem Auto wird dann gewunken, bis dieses um die Ecke verschwunden ist.

Wann kann man von einer gelungenen Einladung sprechen? Groucho Marx wusste, worum es bei Einladungen geht, nämlich um Prestige und Ehre, und er hat das treffend auf den Punkt gebracht: »Mir liegt nichts daran, einem Club anzugehören, der mich als Mitglied hat.«

Frühjahrsputz

Wer putzt, beseitigt nicht nur Dreck, er schafft Ordnung. Hier geht es nicht nur darum, die Materie vom falschen Platz wegzubewegen, sondern vor allem grundlegende Verhältnisse wiederherzustellen. Mit einem Wort: Es geht hier primär nicht um den Schmutz oder um das Saubermachen, es geht nicht um das Widerwärtige, es geht um das System. Denn menschliches Leben ohne Ordnung wäre keines, daher ist der Putzlappen so wichtig.

Damit diese Ordnung aber Bestand hat, muss sie von Zeit zu Zeit, von Woche zu Woche, oder von Jahr zu Jahr neu hergestellt werden. Insofern ist der Frühjahrsputz eine Form des kosmologischen Urakts, der aus dem Tohuwabohu, dem anfänglichen Chaos, einen menschenwürdigen Kosmos macht. Ordnung ist nicht nur das halbe Leben, Ordnung ist der Anfang des Daseins. Man stelle sich doch nur einmal vor, die Müllabfuhr würde nicht mehr kommen. Reinigungsrituale sind gleichsam symbolische Handlungen, die entscheidende Wahrheiten in kosmologischen Beziehungen ausdrücken. Der Reinigungsakt ist so elementar, dass wir auch putzen müssen, wenn es objektiv nichts sauber zu machen gibt, würde doch das Ausbleiben dieser Handlung das Ende der Welt bedeuten und wir würden wiederum im Chaos versinken.

Damit dies nicht geschieht, gibt es Vorsichtsmaßnahmen. Zunächst schreibt jede Kultur ihren Menschen vor, bestimmte Ordnungen als natürlich und richtig anzuerkennen. Jede Sozialform aber muss ihre Grenzen ständig nach innen und nach außen definieren und ziehen, um die Erfahrungen und Lebensstile ihrer Mitglieder zu kanalisieren und auf Dauer zu stellen. So steht fest: »Nur dadurch, daß man den Unterschied zwischen Innen und Außen, Oben und Unten, Männlich und Weiblich, Dafür und Dagegen scharf pointiert, kann ein Anschein von Ordnung geschaffen werden« (Douglas). Reinigungsrituale schaffen eine besondere Form von Realität. In diesen geht es nicht um Wahrheit, sondern um die richtige, die ordentliche Handlung. Rituale zielen auf Richtigkeit, was meint, auf die ordentliche Handlung. Sie bilden als Handlungsmuster eine spezifische Regelhaftigkeit, Konventionalität und Richtigkeit heraus, die für Gemeinschaften theoretisch wie praktisch unverzichtbar sind. Dabei erscheint es letztlich nicht klärbar, ob das Ritual aus der sozialen Ordnung heraus entsteht oder diese erst durch Rituale generiert wird: Gibt es Ordnung ohne Rituale, Rituale ohne Ordnung? Anders formuliert, nimmt die Gesellschaft nicht nur über bestimmte Praktiken, sondern auch über das Imaginäre von Bildern und Vorstellungen auf das Selbstverständnis und das Verhalten ihrer Mitglieder Einfluss. Sie steuert durch Konstruktions- und

Zuschreibungsprozesse nicht nur, dass man spezifische Ordnungen als Unordnung empfindet und Materie als Dreck begreift, sondern dass man wirklich samstags sein Auto wäscht und irgendwie ein schlechtes Gewissen hat, wenn dieser (kollektive) Akt der Reinigung unterbleibt.

Wer in unseren Breiten den Frühjahrsputz unterlässt, sein Zimmer nicht aufräumt, den Mülleimer nicht runterbringt, seinen Abwasch nicht erledigt und sich nicht duscht, ist ein »Dreckschwein« (Volksmund). Diese Weisheit macht uns deutlich, dass Reinigungsrituale auf Tabus aufbauen. Tabus regeln das, was verboten, was nicht »in (der) Ordnung« ist. Tabus grenzen Handlungen ein oder verbieten sie und beziehen sich zugleich auf die damit verbundene Welt der (über-)gesellschaftlichen Institutionen, die die Macht besitzen, Übertretungen des Verbots zu sanktionieren. Das Tabu verweist auf Worte, Personen, Gegenstände, Handlungen, Orte und Zeiten, die als »außerordentlich«, als prekär, gefährlich, unrein, ekelhaft und heilig gelten. So ist etwa derjenige, der am Wochenende seinen Rasen nicht gemäht hat, potenzielles Verachtungsobjekt aller Vorgartenbesitzer. Für das Tabu gibt es keine Grenzen: Es kann sich auf alles und jedes beziehen und durchaus unterschiedliche Zwecke verfolgen. Dabei ist das Tabu weniger ein System von Regulierungen als vielmehr ein Schema negativer Differenzierungen, in dem die Gründe für das Verbot zunächst nicht offen liegen: Kein Mensch kann wirklich erklären, warum man am Samstag seinen Wagen waschen *muss* oder warum es sich angesichts der entropischen Gesetzmäßigkeiten *lohnt*, sein Zimmer aufzuräumen. Tabus scheinen von sich aus zu gebieten, verweigern sich auf den ersten Blick jeder Begründung und wirken zunächst unmotiviert. Sie lassen sich daher nur im Hinblick auf die jeweilige Kultur als dauerhafte Verbindung von materiellen, strukturellen und individuellen Wirklichkeiten und deren Zeichensystemen erklären und verstehen. In diesem Sinne erscheinen sie als kulturelle Ordnungsleistungen und regulative Imperative sozialer Systeme. Dieser Zusammenhang wird dort besonders deutlich, wo es durch soziale und kulturelle Spannungen, Krisen und Veränderungen auch zu Enttabuisierungen kommt. Die Sanktionen für ein Tabu sind recht unterschiedlicher Art, sie beginnen bei einfachen Verachtungsmaßnahmen und komplexeren Wiedergutmachungsforderungen und reichen bis hin zu drakonischen Strafen wie Verbannung und Ausstoßung aus der Gemeinschaft. Das Tabu ist ein Paradox, denn indem es die Welt teilt, versucht es zugleich deren Einheit begreiflich zu machen. Es verweist auf den Schmutz und zeigt somit, dass es ohne Reinigung nicht weitergeht: Ordnung muss sein.

Damit diese Ordnungen auch funktionieren, werden sie in das Verhalten der Einzelnen regelrecht »eingeschrieben«. So kann man die Ordnung der Gesellschaft an seinem eigenen Körper buchstäblich nacherleben. Hier lässt sich von einem sozialen Imaginären sprechen, das Menschenkörper und Gesellschaftskörper miteinander verbindet. Rituale funktionieren als körperliche Praktiken, die Erfahrungs-, Denk- und Erinnerungsformen und -inhalte determinieren, reduzieren und erweitern, kanalisieren und vorformen.

Machen wir uns diese komplexe und weitgehende These an einem Beispiel der Geschichte des Geruchssinns deutlich. Wir begeben uns dabei in das 19. Jahrhundert und lesen dazu Alain Corbin: »Exkremente, Schlamm, Jauche und Leichen rufen Panik hervor. Eine vom Gipfel der sozialen Pyramide ausgehende, nach unten sich verbreitende Angst belebt die keimende Intoleranz gegenüber dem Gestank. Dem Riechorgan kommt die Aufgabe zu, das faulige Allerlei auszukundschaften, die Miasmen aufzustöbern, um ihnen den Garaus zu machen. (…) Spaltungen und Antagonismen sind verwurzelt in zwei Konzeptionen von der Luft, dem Dreck, der Scheiße; sie äußern sich in gegensätzlichen Maßstäben für die Rhythmen der Lust und der Düfte des Begehrens; sie verschwinden, wo sämtliche Gerüche zum Schweigen gebracht sind, in einer desodorisierten Umgebung – der unsrigen.« Nur ein Gesellschaftskörper, der sich selbst »nicht riechen kann«, wird auch den Einzelnen die Körperpflege empfehlen; und umgekehrt, nur derjenige Körper wird als Ekel erregend empfunden werden, der mit den sozialen Hygieneforderungen nicht konform geht.

So betrifft eine wichtige Ordnungs- und Symbolisierungsleistung den Körper selbst, seine Materie und seine Form. Zum modernen westlichen Modell des Körpers gehören die Vorstellungen der Abgeschlossenheit, der Festigkeit, der Reinheit und Unveränderlichkeit und des organischen Zusammenhangs – eine ganze Metaphysik des Körpers. Speziell die Körperöffnungen gelten diesem Modell als tendenziell unsichere Zonen, denen mit besonderer Aufmerksamkeit begegnet werden muss: körperliche Ein- und Ausgänge unterliegen nicht selten peniblen Ritualen. Noch einen Schritt weiter geht eine Überlegung, die deutlich macht, dass die Sorge um die soziale Integrität mit einer Sorge um die Einheit und Reinheit des physischen Körpers korrespondiert: Der Gruppe droht insgesamt Gefahr, wenn die körperlichen Randbereiche der Unordentlichkeit und Unreinheit anheim fallen. Je gefährdeter eine Gesellschaft sich selbst versteht, desto eher wird sie auch im Körperlichen ihre Grenzen befestigen, desto eher wird sie das Fremde, Andersartige als ungesund, schädigend und verunreinigend aussperren, vertreiben oder abtöten. Oder anders: Wer viel putzt, hat viel Dreck.

Mit der Unreinheit geht also das emotionale Empfindungsmuster des Ekels einher. Wenn ich den Schmutz nicht abscheulich fände, könnte ich mich ja durchaus mit ihm arrangieren. Ekelgefühle aber resultieren aus der Erfahrung einer aufdringlichen Nähe, die den Menschen bannt, paralysiert und überwältigt. Der Ekel ist ein empfindsames Reaktionsmuster, das auf eine nicht gewollte Nähe, eine Grenze verweist, die zugleich Abstoßung wie Anziehung markiert. Daher wird der Ekel in der Regel mit den Nahsinnen verknüpft: das allzu Süße schmeckt ekelhaft, das allzu Weiche fühlt sich ekelhaft an und das allzu Aufdringliche riecht ekelhaft (Menninghaus). Im Ekel verschwistert sich ein makabres Anlocken mit einem impulsiven Von-sich-Stoßen; er bildet eine negative

Aura, in der sich Repulsion und Attraktion vermischen. Er destabilisiert das Phantasma vom Körper als unhintergehbarer, vollendeter Monade. Denn der Ekel ist nicht in das Eigene integrierbar, er durchzieht wie ein Riss das eigene Selbst. Hierin betrifft er vor allem die Körpergrenzen; der Ekel bildet eine Reaktion auf die Angst des Menschen vor Auflösungs- und Entfremdungsvorstellungen.

Dabei sind Ekelgefühle in hohem Maß sozial, verweisen Ekelobjekte ebenso auf spezifische Gesellschafts- und Kulturformen und sind somit weitgehend durch soziale Tabus bestimmt. Der Ekel – und hierin ist er das Pendant des Geschmacks – klassifiziert. Der Ekel hat seine eigene Moral. Er teilt die Welt in gut und böse ein, verweist auf das, was aus ästhetischen, moralischen, sozialen oder politischen Gründen nicht sein sollte. Insofern kann man sagen, dass die symbolischen und moralischen Grundlagen einer Gesellschaft sich vor allem im Ekel – im wahrsten Sinne des Wortes – verkörpern. Der Ekel ist in diesem Sinne ein soziales und kulturelles Distinktionsmuster, das sich auf spezifische Ekelobjekte richtet. Daher rührt seine Allgemeingültigkeit und seine Homogenität. Der Ekel als Ausdruck unbewusster Fantasien und Vorstellungen schweißt Gesellschaft und Kultur stärker, weil körperlich zusammen, als dies Politik, Justiz, Verwaltung und Moral je leisten können. Die Gesellschaft, davon war Bataille überzeugt, ist nur auf den Ekel gegründet. Und man sollte mit ihm daran erinnern, dass die Erziehung in ihren zentralen Lehren auf eine Etablierung des Abscheus und des Ekels zielt: »Unsere Kinder teilen unsere Reaktionen nicht von selbst. Es mag sein, daß sie eine Nahrung, die sie ablehnen, nicht mögen. Aber wir müssen ihnen durch das Minenspiel und, wenn notwendig, mit Gewalt die merkwürdige Abweichung, die der Ekel ist, beibringen« (Bataille). Von Kindheit an werden wir daran gewöhnt, dass das Unreine das »andere« ist und deshalb beseitigt werden muss, damit es nicht ins Eigene eindringt. Von Kindheit an bleibt aber auch die Lust am anderen.

Arbeit ist das ganze Leben

Zugegeben, der Mensch hat es nicht leicht mit der Arbeit. Entweder es gibt zu viel oder zu wenig von ihr oder es gibt für wenige zu viel und für viele zu wenig Arbeit. Es gibt unendlich vielfältige Formen der Arbeit, vom Büroalltag, der Maloche unter Tage über die Fließbandarbeit, das Dienstleistungsgewerbe, das Handwerk bis zur ärztlichen Kunst und dem bäuerlichen Gewerbe, dem Lehren, dem Forschen oder dem Denken. Es gibt so viele Arbeitsrituale wie es Möglichkeiten der Selbstverwirklichung des Menschen gibt, und genau darum geht es in Arbeitsritualen, um die Selbstdarstellung und die Selbstverwirklichung des Menschen. Da der Mensch der Moderne sich überall darzustellen hat, findet man die Arbeitsrituale überall: als politische und kulturelle Arbeit, als Trauerarbeit und Beziehungsarbeit oder als Bildungs- und Urlaubsarbeit. Wir leben heute, um zu arbeiten oder: »Arbeit ist das ganze Leben«.

Um diese These mit einiger Plausibilität zu untermauern, muss man etwas weiter ausholen. Zunächst muss man konstatieren, dass wir mittlerweile Arbeitszeitverkürzungen als Bedrohung (!) wahrnehmen, obwohl das Arbeitsvolumen faktisch immer mehr abnimmt: Erst im letzten Jahrhundert halbierte sich die wöchentliche Arbeitszeit von 70 auf 35 Wochen, während sich die Lebensarbeitszeit von 110000 auf 55000 Stunden halbierte. Spätestens 1993 wurde allen klar, dass der Arbeitsgesellschaft die Arbeit ausgeht, als der VW-Konzern die Vier-Tage-Woche ohne vollen Lohnausgleich einführte. Allerdings kann man diese Befürchtung schon Ende der sechziger Jahre des letzten Jahrhunderts nachlesen: »Was uns bevorsteht, ist die Aussicht auf eine Arbeitsgesellschaft, der die Arbeit ausgegangen ist, also die einzige Tätigkeit, auf die sie sich noch versteht. Was könnte verhängnisvoller sein« (Arendt). Weil der Arbeitsgesellschaft mittlerweile also das entschwindet, was sie definiert, definiert sie sich mittlerweile selbst anders, nämlich als Informations- oder Wissensgesellschaft. Diese Charakterisierung hat den Vorteil, dass sie aus scheinbar schier unendlichen Ressourcen schöpfen kann, denn dass den Menschen der Drang nach immer mehr Informationen und Wissen verlässt, ist noch nicht zu befürchten. Da es derweil aber immer noch Menschen geben soll, die nicht nur vom Wissen, sondern von der Arbeit leben, scheint es notwendig, diese mit dem neuen Zustand erst einmal vertraut zu machen. Denn der Mensche der Moderne versteht sich weiterhin als *animal laborans*, als arbeitendes Wesen, versteht sich, seine Beziehungen und die Welt wesentlich durch Arbeit geprägt. Daher hat er eine Anzahl von Ritualen der Arbeit entwickelt, aber kaum welche der Arbeitslosigkeit, von dem Gang zum Sozial- und Arbeitsamt und dem üblichen Herumhängen einmal abgesehen. Immer noch gilt: Der moderne Mensch bezieht Selbstbewusstsein und Identität, Sozialprestige und Distinktionsgewinne fast ausschließlich aus seinen Arbeitsverhältnissen.

Arbeit macht also Sinn. Das verwundert, wenn man sich die Geschichte der Arbeit ansieht. Denn der rituelle Rahmen für die Arbeit im Abendland ist eindeutig von Mühsal, Strafe und Askese bestimmt. Und das von Anbeginn der Zeiten an, in denen der Mensch im Schweiße seines Angesichts sein Brot zu essen hat. Dass die Arbeit nicht adelt, sondern knechtet, wussten die alten Griechen wohl am besten, deshalb wurde mit der Beschaffung der für den Lebensunterhalt notwendigen Güter eine eigene Gruppe »beschäftigt«, eben die Sklaven. Daneben gab es auch noch die *banousoi*, die Handwerker, die zwar in der Öffentlichkeit wirkten, sich aber nicht in öffentlichen Angelegenheiten engagieren durften. Die richtige Arbeit bzw. das richtige Handeln bezog sich für die Griechen auf die sozialen und politischen Belange von Volk und Staat, und war der dafür vorgesehenen Gruppe der freien adligen Männer vorbehalten. Kurz, physische Arbeit galt als minderwertig.

Diese Sicht der Dinge ändert sich auch nicht im Mittelalter. Seine theologische Maxime lautet: *ora et labora.* Arbeit wird jetzt zwar zum Gottesdienst, doch immer noch dominiert eine

Hierarchie der Arbeitsfelder. Zuunterst finden wir die Landwirtschaft, dann das Handwerk, anschließend die politischen Tätigkeiten und zu guter Letzt den geistlichen Stand, der durch Mönche, Nonnen und Priester repräsentiert wurde. Umso mehr sich die Tätigkeiten vergeistigen, desto sinnvoller erscheinen sie – jedenfalls bis zur Zeit Luthers. Denn später liegt der Wert der Arbeit dann nicht mehr in der Art der Tätigkeit, sondern in der Gesinnung, mit der sie ausgeübt wird. Die Arbeit wird zur Berufung in der Welt. Und die Arbeit bekommt eine soziale Form. Denn wenn man sich die Seligkeit nicht mehr erarbeiten kann, da sie alleine von Gott zu erwarten ist, kann man sich nun auf die Welt und den nächsten konzentrieren. Wichtiger und nachhaltiger wird jetzt die Veränderung seiner selbst und die der anderen vorangetrieben. Denn »die Arbeit des Individuums für seine Bedürfnisse ist eben so sehr eine Befriedigung der Bedürfnisse der anderen als seiner eigenen, und die Befriedigung der seinigen erreicht es nur durch die Arbeit der anderen« (Hegel).

Max Weber macht in seinen Schriften zum »Geist des Kapitalismus« nun wiederum deutlich, dass unsere kapitalistische Arbeitsorganisation von den Fähigkeiten der Menschen zu einer bestimmten asketischen Lebensführung abhängig ist. In den modernen kapitalistischen Gesellschaften gehen rationaler Geschäftssinn und asketische Frömmigkeit eine intensive Beziehung ein. Der religiöse Geist des Kapitalismus beruht ihm zufolge auf lang andauernden Erziehungsprozessen, deren Ausgangspunkte er im Protestantismus ausmacht. Bei Luther taucht zum ersten Mal die Wertschätzung der Pflichterfüllung im weltlichen Beruf als höchste Form praktischer Sittlichkeit auf. Im Calvinismus radikalisieren sich diese Tendenzen: Hier dominieren der Wegfall des universellen Heils, ein pessimistischer Individualismus und ein a-sinnlicher Puritanismus. Diese Religion sieht den Menschen als Werkzeug Gottes und rückt vor allem die Gnadenwahl in den Vordergrund. Gleichzeitig ist sie davon überzeugt, dass nur ein kleiner Teil der Menschen erlöst werden wird. Nunmehr besteht die Motivation zur Arbeit *ad majorem Dei gloriam* darin, in der Arbeitsweise Gottes Gnadenwahl deutlich werden zu lassen. Man schließt also von den Arbeitsritualen auf die Prädestination und das ewige Leben. Rationale Arbeitsaskese wird zum Zeichen für die göttliche Erwählung. Noch sicherer kann man seines Erwähltseins sein, wenn die Arbeit durch Erfolg gekrönt wird. Dieses asketische Lebensethos intendiert, Ordnung in den psychischen Haushalt zu bringen, indem man zur Herrschaft über die Affekte erzieht. Dabei geht es nicht um die Arbeit als solche, nicht um die Freude an ihr oder den Genuss ihres Erfolgs, sondern um Güterproduktion und ein volles Konto. Denn nur derjenige hat seinen Platz im Himmel sicher, der auf Erden jede Menge an Kapital angehäuft hat.

In einer Welt der Fülle, dem riesigen Markt der Möglichkeiten, wird der *homo religiosus*, der in der Betrachtung des Erhabenen seine (ewige) Ruhe findet, zu einem *homo oeconomicus*, der die *tabula rasa* des Klosters und der Wüste verlässt, um sich selbst asketisch zu disziplinieren. Es kommt zur rituellen Mechanik der Affekte, zur rituellen Durchdringung der innerweltlichen Askese. Denn auf Grund der göttlichen Sinngebung kann es auch keine Befriedigung durch einzelne, kurzfristige Arbeitsergebnisse geben – Arbeit ist eine unendliche Aufgabe, erst das macht sie göttlich. Im Anblick Gottes ist das Erreichte nichtig und verlangt nach weiterer Intensivierung und Ausweitung. In diesem Prozess wandelt sich die weltabweisende zur innerweltlichen Askese – die Welt wird zur Pflicht, den letzten unerforschlichen Willen Gottes zu vollenden, was nur in der optimalen Ausnutzung der Erdenzeit möglich ist.

Fasst man die Rituale des Arbeitens zusammen, sind diese in der Moderne also durch die zweckrationale Ausrichtung und die Ökonomisierung der Zeit gekennzeichnet; weitere Merkmale sind der Charakter der Anstrengung und das Vertrauen in die Leistungsfähigkeit, und nicht zuletzt kommt in den Arbeitsritualen auch die Zuversicht in die Gestaltbarkeit der Welt und des Selbst zum Ausdruck (Wulf). Der rituelle Grundzug der Arbeit ist Askese, denn auch der Bürger von nebenan ist ein Mönch, ein Arbeitsasket, und zwar ein solcher, der sich rein weltlichen Zielen wie der Leistung, der Gesundheit, der Schönheit, der Macht, dem Reichtum – oder der Lust verschrieben hat. Indem man sich systematisch selbst zurichtet, diszipliniert und knechtet, entsteht die Fülle, die Freiheit und die Lust zu leben. So erscheint Arbeit als der einzige Sinngarant menschlichen Lebens. Merkwürdig ist hier, dass immer mehr Menschen keine Arbeitsasketen sein dürfen und deshalb von Ausgrenzung, Isolierung, Abwertung, ökonomischer und sozialer Armut bedroht sind.

Wenn Arbeit allerdings nur das halbe Leben ist, dann ist die andere Hälfte Krankheit. Denn die mit der Arbeitsorganisation moderner Gesellschaften verbundenen Belastungen für den Menschen, die Gesellschaft und die Natur können an einigen Zahlen verdeutlicht werden, die einen Zusammenhang zwischen der Zweckrationalität, der Ökonomisierung und der Leistungsfähigkeit der Arbeit und bestimmten Krankheitsrisiken deutlich werden lassen (Reheis). So stirbt mittlerweile jeder zweite Deutsche an Herz-Kreislauf-Erkrankungen, die Neuerkrankungen bei Angst- und Depressionserscheinungen verdoppeln sich alle zehn Jahre, und die Zunahme der Suchtkranken ist ein Indiz für die Zunahme von Sinnlosigkeit. Für die USA wird davon ausgegangen, dass sich die Produktivität pro Arbeitsstunde in den letzten hundert Jahren um 750 Prozent erhöht hat, für Deutschland geht man sogar von einer Steigerung um 1500 Prozent aus. Mit diesen Entwicklungen scheint der Mensch in erheblichem Maße Belastungen ausgesetzt, die sich auch in Industriekatastrophen niederschlagen: die Unfälle in Harrisburg, Tschernobyl, Bhopal, die des Öltankers Exxon Valdez geschahen mitten in der Nacht und lassen sich (auch) auf die Übermüdung der Verantwortlichen zurückführen. Jeder zweite Erwerbstätige fühlt sich mittlerweile unter Zeitdruck, was durchaus erstaunlich ist, denn wir schlafen 40 Minuten weniger als 1960 und fast zwei Stunden weniger als um 1900. Ergo: Arbeit macht krank!

Vielleicht ist Arbeit nicht alles, nämlich wirklich nur das halbe

Leben, aber ohne Arbeit ist vieles nichts. Somit gilt: Wenn Rituale der Arbeit der sinnvollen Selbstinszenierung dienen, so verschwindet mit der Arbeit auch das Selbst.

Reisen bildet

Irgendwann überkommt jeden die Idee, die eingefahrenen Bahnen zu verlassen, in ein – sagen wir – Flugzeug zu steigen und einfach weit weg zu fliegen. Wir hoffen, dass alles ganz anders werden wird, dass sich die Beschränkungen und Fixierungen des Alltags in Luft auflösen, dass die Welt im neuen Licht erscheint und dass auch wir andere sind, wenn wir zurückkehren. Doch uns ist auch bewusst, dass im Konjunktiv alles möglich ist. Und natürlich wissen wir, dass wir reisen, um endlich glücklich zu werden und um eine schönere, bessere und wunderbare Welt zu entdecken. Daher erscheint es gelegentlich sinnvoll, nie wirklich anzukommen, das Ritual von Abreise, Reise und Ankunft in der Mitte oder schon am Anfang anzuhalten, um mit Hilfe eines unvollendet-vollendeten Übergangs die Bilder, die uns das Reiseziel als so schön und begehrenswert vorkommen lassen, nicht durch die banalen Erfahrungen am Bestimmungsort besudeln zu lassen. Vielleicht sind daher die schönsten Rituale des Reisens, die des Fantasierens und des Träumens, denn hier bleibt die Fremde in seiner reinen, intensiven und frischen Exotik erhalten. Die beste Reise wäre also die Nicht-Reise, denn diese Tätigkeit ist nicht durch physische und psychische Probleme am Urlaubsort, durch falsche Erwartungen, unbefriedigte Wünsche und übertriebene Hoffnungen gekennzeichnet.

Auch bei der Rückkehr können Probleme auftauchen. Der berühmteste Reisende der abendländischen Literatur kehrt nach 20 Jahren zurück in seine Heimat, erwacht im Lande seiner Väter und weiß nicht, wo er ist. Odysseus erkannte Ithaka nicht wieder: »Und er sprang auf und stand und sah auf das Land seiner Väter; / Und dann heulte er jammernd auf und, sich mit den flachen / Händen die Schenkel schlagend, sprach er die klagenden Worte: / ›O mir, in welcher Sterblichen Land bin ich wieder gekommen?‹« (Homer)

Natürlich ist das der extreme Fall eines vom Schicksal und Kampf nicht nur gebildeten, sondern auch gebeutelten Reisenden, doch selbst nach einem Kurzurlaub, nach einem *Trip*, kann man noch die Erfahrung machen, dass die gewohnte Umgebung anders geworden ist, sinnvoller oder sinnentleerter, merkwürdiger oder banaler, aufregender oder beunruhigend langweiliger. Wie zu Homers Zeiten kann auch heute noch der ritualisierte Urlaub als Unterbrechung des Alltags dienen. Wer in die Fremde reist, verfremdet das Eigene. Die Heimat bietet einen ungewöhnlichen, befremdlichen Anblick und man fühlt sich nach der Rückkehr sogar manches Mal fremd unter Fremden, obwohl man in eine Welt zurückgekehrt ist, von der man eigentlich überzeugt war, sie sehr genau zu kennen. Den Bildungsreisenden kann man in diesem Sinne daran erkennen, dass er zu Hause nicht mehr zurechtkommt, wobei hier einerlei ist, ob man Heimat definiert als Ort, von dem man ausgeht, oder als Ort, an den man zurückkehrt. Die Heimat ist nach der Reise nicht mehr selbstverständlich, ihre Vertrautheit und Intimität dahin. Reisen führt also, wenn es bildet, zur Auseinandersetzung mit Traditionen, Institutionen, Regeln und Zeitplänen, kurz zur Infragestellung meines bisherigen rituellen Koordinations- und Relevanzsystems (Schütz). Wer wirklich reist und nicht nur touristisch verkehrt, riskiert das bislang verlässliche Wissen, das er von sich, den anderen und der Welt und ihren kulturellen Mustern hat. Er riskiert, nicht mehr ankommen zu können. Diese These gilt selbst für denjenigen, der das Haus nur für die kurze Zeit eines Spazierganges verlässt. Während die Fremde der Ort ohne Erinnerung ist, ist die Heimat nun der Ort, an dem die Erinnerung nicht mehr funktioniert.

Reisen bildet in diesem Sinne einen ritualisierten Versuch, den

Alltag zu entritualisieren. Nicht einmal mehr die kleinen Rituale des Alltags werden als selbstverständlich, notwendig und natürlich hingenommen. Der gemeine rituelle Menschenverstand ist in Frage gestellt. Durch die gereiste Distanz ist der Reisende nicht mehr der, der er war, als er fortging, und er findet nicht mehr das vor, von dem er ausging. Gelegentlich findet er den Weg auch nicht mehr zurück und gelegentlich ist diese Verirrung auch gewollt. Homer berichtet uns von der Insel der Lotusesser, auf der man nach dem Genuss der honigsüßen Lotusblüten jegliche Sehnsucht nach der alten Heimat verliert. Hier lebt man im *dolce far niente* einer paradiesischen Gegenwart, für die es keine Zukunft und keine Vergangenheit mehr gibt. Wer diese Insel noch nicht gefunden hat, wird dafür sorgen, dass der Zauber der Reise nicht ganz verblasst, und versuchen, die wunderbare Atmosphäre des Reisens in den Alltag einfließen zu lassen. Dazu dient auch der Kauf eines *Souvenirs* (fr. für Erinnerung), das einem selbst und natürlich seinen Freunden und Nachbarn zudem noch bestätigen kann, woanders gewesen zu sein.

Im Unterschied zum Reisenden als jemandem, der bleibt und dann geht, und auch im Unterschied zum Kosmopoliten, der nirgendwo bleibt, weil er immer weitergeht, ist der Tourist derjenige, der bleibt, auch wenn er geht. Der Tourist »touristisiert« die Welt, da er sie nur noch als Verlängerung und Vervollkommnung seines Zuhause erlebt: Bottrop + Sonne = Mallorca, Bottrop + Berge = Bad Tölz. Der Tourist ist der Virtuose des Selbstverständlichen, der Meister des ewig Gleichen, der selbst noch in der fernsten Ferne die unmittelbaren Gemeinsamkeiten wahrnimmt: »Sieh mal, die essen ja auch Kartoffeln!« Auch fern der Heimat lässt sich also Heimat erleben. Der Tourist ist derjenige, der sich auf sein Wissen und seine eigenen kulturellen Wertmaßstäbe verlassen kann. In seiner Borniertheit ist er davon überzeugt, dass seine Weltsicht hinreichend kohärent, notwendigerweise klar und überaus konsistent ist, so dass eigentlich jeder (Vernünftige) die Chance hat, diese fraglos evidente Sicht der Dinge zu teilen. Er weiß, dass sein Leben nach jeder Reise genau so weitergehen wird wie bisher, dass man sich auf das einmal Gelernte verlassen kann (»Wo kämen wir sonst hin?«) und dass es für den normalen Ablauf des Lebens genügt, bequeme Wahrheiten nicht mit spitzfindigen Fragwürdigkeiten zu vertauschen. Denn vernünftige Menschen, also Menschen wie er, akzeptieren und verfolgen ähnliche Lebensstile und präferieren ähnliche Interpretationsmuster und Handlungsmöglichkeiten. Der Tourist ist ein Stoiker, der die Gleichgültigkeit der Welt gegenüber allen Ereignissen des Reisens betont: Ob er nun Wüsten durchquert, über Eisschollen wandert oder sich durch den Dschungel schlägt, er ist zutiefst davon überzeugt, dass es keine Abenteuer mehr gibt, denn bei Schwierigkeiten hilft der Reiseveranstalter, bei Unfällen zahlt die Versicherung und in zwei Wochen sitzt er wieder im Büro. Die »Reiserituale« des Touristen sind merkwürdige Veranstaltungen, denn er reist ohne wegzufahren; man könnte auch sagen, er fixiert sich im Üblichen, wenn er reist. Der Tourist steht immer im Zentrum seiner, d. h. der Welt schlechthin. Neugier kennt er keine, und wenn er sich verwundern sollte, dann darüber, dass die anderen nicht so sind wie er selbst. Für ihn gibt es nichts mehr zu entdecken, die Welt ist für ihn wie ein offenes Buch. Er gleicht dem Zuschauer, der die Welt wie einen Film an sich vorbeiziehen lässt, den er immer schon gesehen hat.

Aber vielleicht können wir heute gar nicht mehr reisen, sind wir alle nur Touristen und Passagiere? Wenn das Reisen andere Räume voraussetzt, in denen man sich verirren kann und in denen das Neue auf uns wartet, dann scheint es heute schwierig zu sein, diese Räume überhaupt noch zu finden. In einer Welt der Nicht-Orte (Augé) kommt es zu Enträumlichungsprozessen, da diese Welt nicht nur immer schon bekannt ist, sondern weil es in ihr nichts zu erkennen gibt. Wir bewegen uns mittlerweile als Reisende in Orten ohne erkennbare Räumlichkeiten wie Bahnhöfen, Hotelzimmern, Wartehallen, Einkaufszentren, Flughäfen, Autobahnen und medialen (Kommunikations-)Netzen, die alle bis zur Unkenntlichkeit austauschbar erscheinen. In diesen Nicht-Orten befinden wir uns wie in einem Bilderreich, in dem wir mit unserer Fantasie und mit uns selbst alleine bleiben.

Nun gibt es zwei tröstliche Momente in dieser modernen Form des Reisens. Das eine besteht darin, dass man zwar selbst alleine unterwegs ist, dieses Schicksal aber mit allen teilt. Wer heute reist, reist in der Gemeinschaft der Einsamen. Das zweite tröstliche Moment besteht darin, dass es gelingen könnte, nicht nur am Ende der Reise wie Odysseus, sondern schon während der Reise bei sich selbst anzukommen. Auf der einsamen Reise können wir in ein Zwiegespräch mit uns selbst geraten, dass durch wechselnde Eindrücke immer wieder neu entfacht werden kann. Gerade die tagträumerischen Stunden, die man gelegentlich auch in der Deutschen Bahn genießen kann, können uns das Gefühl vermitteln, mit unserem Selbst wieder in Kontakt gekommen zu sein. Das Reisen wäre demnach eine Therapie der Identität vor dem Hintergrund, dass das alltägliche Ich so unverrückbar fest in den Kleidern des Alltags steckt, das erst die äußere Bewegung auch eine innere mit sich bringt. Nicht-Orte sind vielleicht deshalb attraktiv, »weil wir trotz ihrer architektonischen Dürftigkeit und ihrer Unbequemlichkeiten, trotz ihrer schreienden Farben und grellen Beleuchtung instinktiv wahrnehmen, dass diese isolierten Orte uns den materiellen Rahmen für eine Alternative zur egoistischen Lässigkeit, zu den Gewohnheiten und Beschränkungen der gewöhnlichen Welt bieten, in die wir eingebunden sind« (Button).

Aber es kann alles noch schlimmer kommen, denken wir nur die modernen Formen der Reisebeschleunigung. Man kann nach der Transportrevolution des 19. und 20. Jahrhunderts von einer Übertragungsmittelrevolution Mitte des 20. Jahrhunderts sprechen (Virilio). Schon 1862 bot Thomas Cook eine Reise an, die Europa in einer Woche absolvierte. Aber es geht noch weiter: Die dritte Revolution der körperlich-technischen Transplantationen, die nunmehr nicht Menschen bewegt und nicht mehr Menschen sich selbst – automobil – bewegen lässt, führt zum mobilen Umbau des Menschen selbst. Nanotechnologien und Biotechnologien in Zusammenarbeit mit Informationstechnologien »zeitigen« eine Situation der völligen menschlichen Bewegungslosigkeit, insofern durch Datenfernübertragungen in Lichtgeschwindigkeit ferngesteuertes Wahrnehmen und Handeln für jedermann in »Datenanzügen« oder den entsprechenden technischen Prothesen möglich sein wird. Die dritte Revolution markiert in der Tyrannei der Echtzeit den Verlust der Ferne und Nähe und damit den Verlust der Bewegungsfähigkeit überhaupt. Die vormals extensive Zeit der Bewegung und des Reisens wird durch die intensive Zeit der häuslichen Immobilität abgelöst, die das Ziel verfolgt, so schnell wie möglich nirgendwo hinzukommen. Zu Ende gedacht führt dieser Prozess der Zivilisation zu einer »Gesellschaft« der ultimativ sesshaften Monaden, die ihr Verhalten wechselseitig aus der Ferne steuern: Jeder ist sein eigener Terminal oder: Sitzen bildet. Dann sind die wahren Kosmopoliten diejenigen, die keine Reise tun, und doch viel erzählen können.

Mach mal ein Foto!

Rituale, das weiß man, sichern die Vergangenheit, halten das Wichtige und Schöne fest und bewahren bedeutende Erinnerungen auf. Rituale dienen in diesem Sinne dazu, sich seiner selbst oder einer Gemeinschaft immer wieder zu versichern, deren zeitlose und unveränderlich gültige Ordnung durch Wiederholung zu bestätigen und auf Dauer zu stellen. Sie zielen ebenso auf die Inszenierung von Kontinuität, Zeitlosigkeit und Unveränderlichkeit wie auf Prozessualität. Rituale bilden die aktuelle Synthese von Gedächtnis und Zukunftsentwurf. Im ritualisierten Umgang mit der Zeit entstehen Zeitkompetenz und soziale Kompetenz; zeitliche Ritualisierungen sind ein – wenn nicht das mächtigste – Medium sozialen Zusammenlebens, strukturiert doch die rituelle Ordnung der Zeit, auch und gerade in Industriegesellschaften, das gesamte Leben. Rituelle Handlungen fördern bestimmte Erinnerungen und geben dagegen andere dem Vergessen anheim. Durch ihre repetitive Struktur signalisieren sie Dauerhaftigkeit und Unveränderbarkeit und ihre Inszenierungen erzeugen und kontrollieren das soziale Gedächtnis. Rituale bringen Vergangenheiten in die Gegenwart und lassen diese zugleich als Zukunft erfahrbar werden.

Eines der bedeutsamsten Rituale in diesem Zusammenhang ist das Fotografieren. Denn Fotos konservieren Erinnerungen. Das »gute Foto« – das meint: eine ordentliche Komposition, eine optimale Belichtung, perfekte Entwicklung – muss sein, egal, ob es auf Reisen, von Landschaften oder – hier von besonderer Bedeutung – von Menschen und Familien geschossen wurde. Keine Feier ohne Fotograf, keine Reise ohne Schnappschüsse und kein Entwicklungsschritt der Kinder ohne Fotodokumentationen. Man schätzt, dass gut drei Viertel aller Fotografien in bürgerlichen Fotoalben aus Urlaubsfotos der Familie bestehen. Hier geht es um die autoikonische Vergewisserung der schönen Momente des familiären Lebens. Familienfotos dienen dabei weniger der Interpretation im Sinne des: »Wir können auch anders!«, sondern der ontologischen Dokumentation und Komposition: »Sieh mal, das sind wir!« Hier geht es nicht um die Erfahrung der Kontingenz und des Andersseinkönnens, sondern um die Darstellung des Selbstverständlichen. Denn die Familienfotos bleiben, auch wenn die schönen Momente oder auch die Familie selbst schon Geschichte sind. Die Familie bleibt im Foto, so wie sie einmal war. Sie wird geradezu selbst zu einem Archiv der Bilder und gewinnt einen ewigen Charakter, denn Fotos können nicht sterben (Belting). Sie bekommt dadurch weniger einen musealen als einen mythischen Charakter, denn die Bilder erzählen die Geschichte einer Institution, die vor aller Zeit immer schon vorhanden war und in ihrer Zeitenthobenheit alles Irdische überdauern wird. Familienfotos sind hier keine Spiegelbilder des Wahren, sondern Projektionsflächen des Gewünschten, sie entwerfen ein Ideal der Familie. Die Familie ist das Material der Imagination und die Fotos dienen zu ihrer Animation.

Der Mensch, so viel steht fest, braucht Bilder, um sich mit deren Hilfe seiner selbst zu vergewissern. Denn Bilder sagen uns, wer wir sind. Wäre uns alles unmittelbar verständlich, so hätten wir keine Bilder nötig. Fotos haftet daher immer die Suggestion von Wahrheit und Evidenz an. »Wer den Farbfilm vergessen hat«, und daher keine bunten Bilder vom Ach-so-schönen-Urlaub machen konnte, das wusste schon die Diseuse Nina Hagen im Jahr 1974, riskiert, dass »alles nicht mehr wahr ist«, was sich in jenen herrlichen Zeiten zugetragen hat. Fotos vermitteln Gegenstände, leuchten die Realität aus und versprechen, dass alles Wesentliche festgehalten wurde – auch wenn das Bild manches Mal verwackelt ist. Bilder schaffen Nähe und Distanz zugleich: Distanz durch den räumlichen Abstand zwischen Gegenstand und dem Blick des Betrachters und durch die (technischen) Möglichkeiten des Belichtens, des Ausschnitts und der Brennweite; Nähe durch die Möglichkeit detaillierter Analysen, durch die Wiederholung des Betrachtens und durch die Konzentration auf das Wesentliche. Es herrscht ein Grundvertrauen in alles Gesehene.

Wer Fotos als Fotos anschaut, weiß, dass es außerhalb der Bilder noch etwas anderes, nämlich »Realität« gibt. Bilder sind durch die Differenz von außerbildlichem Gegenstand und bildlicher Darbietung gekennzeichnet (Seel). Fotos sind in ihrer differenziellen Struktur immer unbestimmbar, nicht nur, weil keine Anschauung und Reflexion sie jemals auszuschöpfen in der Lage wäre, sondern auch – und vor allem –, weil sie überdeterminiert sind, eine Verdichtung von Zeichen und Symbolen, von Facetten und Nuancen in sich tragen, syntaktisch komprimiert und semantisch gedrängt erscheinen; und weil sie in der Regel zwischen individueller Ausformung und generalisierten symbolischen Verweisungszusammenhängen oszillieren. Bilder entstehen nicht in einer Welt »da draußen«, sondern im Blick dessen, der auf den Auslöser drückt. Zwar sind Bilder wirklich, aber nur als Ausdruck der Wirklichkeit desjenigen, der die Bilder macht. Es gibt keine harmlosen Fotos.

Man kann mit Bildern gleichsam die Wirklichkeit ausblenden, ja man kann das, was sich wirklich zugetragen hat, durch ein objektives Foto ad absurdum führen, man kann durch die wahre Aufnahme der Täuschung zum Durchbruch verhelfen. Nicht selten verbirgt sich hinter dem gezeigten Familienidyll am Strand in objektiv guter Belichtung eine wahre Hölle an Gefühlen und Intrigen. Erst hinter den »authentischen Fotos« lauern die eigentlichen Geschichten. Die visuelle Präsentation bringt selten die biografische Repräsentation auf den Punkt. Zwar brauchen wir Bilder, um die Welt zu verstehen, doch wird durch Familienfotos die familiäre Welt nicht unbedingt verstehbarer. Vielmehr besteht die Gefahr, dass man nach dem Betrachten von Fotoalben überhaupt nicht mehr weiß, welche Familie man denn hier vor sich hat. Das Ritual, die Familie zu fotografieren, deckt die familiäre Wirklichkeit eher zu denn auf. Trotzdem braucht die Familie die Fotos zur Selbstvergewisserung. Fiele sie allerdings nur mit dem Foto zusammen, so wäre sie keine. Die Familie ist das, was bleibt, wenn man »abzieht«, was fotografiert wurde.

Daher rührt die Melancholie beim Betrachten der Bilder, daher das Gefühl etwas verloren zu haben, ohne angeben zu können, was denn eigentlich hier wirklich fehlt. Man schwelgt in heiterer oder düsterer Melancholie, weil die Fotos die magische Eigenschaft besitzen, uns an einen anderen Ort zu versetzen oder uns mit den Menschen in Verbindung zu bringen, die für unser Leben wichtig waren. Familienfotos zeigen die Geschichte der Familie, zeigen die Familie als Gespenst, als *revenant* der Vergangenheit. Und nicht zuletzt machen uns Fotos als Medien der Erinnerung in besonderer Weise mit dem Tod vertraut. Sie verweisen in einem inhaltlichen Sinne auf ein Gezeigtes, auf das Bildobjekt (hier: Mensch), das zum Zeitpunkt des Fotografierens vielleicht noch lebte, aber mittlerweile das

Zeitliche gesegnet hat. Indem das Foto auf den Augenblick und das Leben zielt, bringt es sein Gegenteil, die Vergangenheit und den Tod hervor (Sontag). Fotos haben etwas Auratisches, weil sie die gezeigten Menschen fern werden lassen, so nahe sie uns auch waren. Auch formal gibt es eine Entsprechung von Foto und Tod. Denn das Bild verweist primär auf etwas Abwesendes. Indem ich mit dem Foto den Augenblick zum Verweilen bringe, betone ich zugleich die Vergänglichkeit allen Seins. Gerade die Blicke auf die Fotos von Verstorbenen vermitteln das Gefühl der radikalen Endlichkeit. Fotos überliefern die Botschaft, dass allem, was vergänglich ist, durch das Fotografieren Unvergänglichkeit zu teil wird. Denn das Fotografieren kann als ein Ritual verstanden werden, das sich gegen die Endlichkeit wehrt, weil es seine Gegenstände vor dem entgültigen Verlust, dem Vergessen, bewahrt.

Malaisen, Miseren, Krisen, Katastrophen

Peinlichkeiten und taktvolle Erwiderungen

Wenn wir an Rituale denken, stellt sich uns in der Regel das Bild eines mehr oder weniger durchkomponierten Handlungszusammenhangs ein, der vor allem darauf abzielt, das körperliche Verhalten zu regeln. Rituale dienen in diesem Sinne dazu, eine sozial verbindliche Normalhaltung festzulegen, eine Form des prototypischen Verhaltens auszubilden, auf das man sich zunächst und zumeist verlassen kann. Dass diese ritualisierten Verhaltensweisen in unterschiedlichen Kulturen unterschiedliche Ausprägungen erfahren, liegt auf der Hand: Während es zum Beispiel Gesellschaften gibt, in denen man mit den Händen fuchtelt, um seine Absichten kundzutun, halten andere einen Minimalismus von gestikulatorischer Mobilität für begrüßenswert. Unterschiede gibt es darüber hinaus in Kleidung, Schmuck, Haar- und Barttracht, in Formen der Höflichkeit und – vor allem – in der Kontrolle der Körperausdünstungen und -ausscheidungen. Nicht nur für den Ethnologen bilden die »schmutzigen Riten« (Greenblatt) einen probaten Einstieg in die rituelle Welt des Andersartigen. Aber auch ein Beispiel aus unserer eigenen Geschichte der Zivilisation ist hier instruktiv: »Der andere Standard der Gesellschaft in der Zeit des Erasmus wird deutlich, wenn man liest, wie selbstverständlich es ist, dass man jemandem begegnet, der ›qui urinam reddit aut alvum exonerat‹. Und die größere Unbefangenheit, mit der man offenbar zu dieser Zeit seine Bedürfnisse vor anderer Augen verrichtet, und mit der man auch davon spricht, erinnert an Verhaltensweisen, denen man heute noch allenthalben etwa im Orient begegnen kann. Aber das Feingefühl gebietet, jemandem, den man in dieser Lage trifft, nicht zu grüßen« (Elias).

Dass heute politische Geschäfte noch während »des« Geschäfts getätigt werden, kann man sich nicht mehr gut vorstellen. Seit diese Form der (rituellen) Reinigung im Séparée stattfindet, wird sie in der Öffentlichkeit zu einem Eklat, zu einer Peinlichkeit. Rituale regeln, dass Peinlichkeiten der gröberen und feinern Art nicht auftreten, beziehungsweise dass sie geflissentlich übersehen werden. Sie dienen also der Prophylaxe und der Therapie von als peinlich empfundenen sozialen Situationen. Sie versuchen körperlich missliebige Handlungen zu überspielen oder die Aufmerksamkeit von ihnen abzulenken. Denn der Körper ist in rituellen Sequenzen enorm wichtig. Er ist aber auch ein potenziell sehr prekärer Störfaktor, der ein komplettes Ritual zu Fall bringen kann. Man denke hier nur an die Niesanfälle bei klassischen Konzerten oder auch an das Herumzappeln eines Bräutigams in der Kirche. Hier gilt die Faustregel, dass die rituellen Vorkehrungen umso penibler getroffen werden müssen, desto sublimer, geistiger und würdevoller ein Vorgang ist.

Ist die Peinlichkeit, die man als inkorrekte Selbstdarstellung interpretieren kann, eingetreten, dann helfen die Rituale des Takts. Der Takt ist eine wunderbare menschliche Erfindung, da er die kleinen und großen Schwächen des Alltags überspielt. Den Takt gibt es dabei in verschiedenen Varianten, vom klassischen Überhören: »War da was?«, über die Ablenkung: »Was für ein Wetter heute«, das Herunterspielen: »Das war doch alles nicht so gemeint«, die Uminterpretation: »Das kann man auch so sehen«, die Einordnung in eine Reihe von Zufällen: »Eigentlich ist es ganz anders« etc. Dabei dienen diese rituellen Korrekturmaßnahmen der Aufrechterhaltung der sozialen Situation, man bleibt im Gespräch, ermöglicht kommunikative Anschlüsse und emotionale Schieflagen wie Verlegenheit und Betroffenheit werden ausgeglichen. »Eigentlich« müsste man die inkorrekte Selbstdarstellung ansprechen, müsste den Betreffenden auf seine Peinlichkeiten aufmerksam machen. Der Takt ist die Handlung stattdessen, die Korrektur des Eigentlichen. Der Takt greift ein, wenn sich die soziale Situation aufzulösen droht oder wenn das Individuum Gefahr läuft, sich bloßzustellen.

Der Takt hat sich, wie die Peinlichkeitsschwellen, im Prozess der Zivilisation entwickelt. Mit dem Zusammenbruch des Absolutismus wird nämlich das bürgerliche Individuum frei von Standes- und Zeremoniedünkeln, findet sich aber in rituellen Formen wieder, die in sich gebrochen nur noch als Parodie, als »willkürlich ausgedachte oder erinnerte Etikette für Ignoranten« (Adorno) funktionieren. Denn die vom Absolutismus entwickelten konventionellen Formen der Hierarchie und Achtung samt ihrer ökonomischen Gründe und Machtpotenziale haben ihre Gültigkeit eingebüßt. Der Takt ist historisch gesehen deshalb erforderlich, weil die überkommenen konventionellen rituellen Formen nicht mehr ausreichend das menschliche Verhalten disziplinieren und gleichzeitig zukünftige Umgangsformen noch (immer) nicht greifen. Oder anders: Takt gibt es nur da, wo es auch Individuen gibt, die taktvolle Differenzierungen zwischen den einzelnen vornehmen können. Denn hier stellt der Takt den Versuch dar, die individuellen »Fehlleistungen« mit der unbestätigten Etikette in Einklang zu bringen. Das ist nicht immer einfach, denn gelegentlich weiß man nicht, was in den einzelnen Situationen wirklich geboten ist, und oftmals erfährt man von der Existenz einer diesbezüglichen sozialen Regel erst dann, wenn man sie verletzt hat. Auch hier ein instruktives Beispiel: »Die Frage nach dem Befinden, nicht länger von Erziehung geboten und erwartet, wird zum Ausforschen oder zur Verletzung; das Schweigen über empfindliche Gegenstände zur leeren Gleichgültigkeit, sobald keine Regel mehr angibt, worüber zu reden sei und worüber nicht« (Adorno).

Es ist aber auch grundsätzlich schwierig, zwischen den Abweichungen des Individuellen und den allgemein anerkannten Normen zu vermitteln, denn hier läuft man Gefahr, weder diesem noch jenem Genüge zu tun. Denn der Takt als Sicherung des notwendig Konventionellen verfehlt natürlich das strikt Individuelle, wie das Eingehen auf den rein individuellen Anspruch die sozialen Höflichkeiten verletzt. In dieser unübersichtlichen, nicht ausrechenbaren Situation bieten ritualisierte Höflichkeitsformationen immer noch ein sicheres Geländer. Und man sollte sich daran erinnern, dass die Peinlichkeiten überall lauern, als tabuisierte Themen, als desavouierte Ausdrucksformen oder als unter Verbot gestellte Sachverhalte. Immer gilt hier, dass man die falschen Ansprüche zur falschen Zeit äußert und damit sich und die anderen blamiert.

Ob man nun ins Fettnäpfchen tritt, also etwas enthüllt, die falsche Frage stellt oder einen dummen Witz macht – oder ob man nichts sagt: Am Ende ist natürlich alles peinlich. Während im ersten Fall die Peinlichkeiten Stille erzeugen, erzeugt im zweiten Fall die Stille Peinlichkeit. Jedem ist verständlich, dass nicht nur das Reden, sondern auch das Schweigen äußerst peinlich sein kann. Das betretene Schweigen führt dazu, dass der kommunikative Zug abgefahren ist. Deutlich wird das vor allem bei Tisch. Beim gemeinsamen Nebeneinander und Gegenüber ist Reden geboten, Schweigen tabu. Der Abbruch des Gesprächs produziert einen »Konversationsleichnam«: »Das Tabu, das durch Stille gebrochen würde, besteht eben im Sichtbarwerden der Anstrengung, die es kostet, die Kommunikation nicht sterben zu lassen. Man hat sich nichts zu sagen. Das darf man nicht sagen. Wenn man nichts sagte, würde man eben dies sagen. Darum muss man ständig etwas sagen, um nicht sagen zu müssen, dass man sich nichts zu sagen hat« (Hahn). Professionelle Ritualspezialisten kennen die Lösung für dieses kommunikative Problem: Musik.

Ich drücke dir die Daumen

Wenn man nicht mehr helfen kann, bleibt immer ein Ritual: »Ich drücke dir die Daumen«. Das Daumendrücken ist das Ritual, das vollzogen wird, wenn man sonst nichts mehr tun kann. Rituale dienen also in Ohnmachtsituationen dazu, trotzdem zu handeln.

In diesem Sinne konnte Bronislaw Malinowski, der als Ethnologe anfangs des letzten Jahrhunderts vier Jahre unter Südseeindianern in Neuguinea lebte, zeigen, dass die von ihm untersuchten Trobriander nur dort Rituale ausführen, wo sie Situationen hilflos ausgeliefert sind. Hierzu das berühmte Beispiel von Malinowski: »Eine Untersuchung der Fischerei auf den Trobriand-Inseln und ihrer Magie ermöglicht interessante und entscheidende Einblicke. Während in den Dörfern der inneren Lagune die Fische einfach und absolut zuverlässig durch Vergiften getötet werden und auf diese Weise ohne Gefahr und Unsicherheit reichlicher Ertrag erzielt wird, gibt es an den Küsten des offenen Meeres gefährliche Methoden des Fischens, auch solche, bei denen der Ertrag sehr variiert, je nachdem, ob Fischschwärme auftauchen oder nicht. Es ist sehr bezeichnend, dass es beim Fischen in den Lagunen, wo sich der Mensch völlig auf seine Kenntnisse und Geschicklichkeit verlassen kann, keine Magie gibt, hingegen beim Fischen im Meer, das voller Gefahren und Unsicherheiten ist, ein umfangreiches magisches Ritual besteht, das Schutz und gute Erträge gewähren soll.«

Rituale finden dort statt, wo der Mensch mit seinen Fähigkeiten und Fertigkeiten am Ende ist, wo er sich die Unzulänglichkeit seines Wissens und die Mangelhaftigkeit seiner rationalen Methoden eingestehen muss. Wo Wissenschaft versagt und sich etwas nicht mehr ausreichend begreifen lässt, wo die Umwelt nicht ausreichend kontrolliert werden kann, wo Zufall, Gefahr und Unglück drohen, wo Angst und Hoffnung zugleich auftauchen und wo Leiden und Tod im Raum stehen, dort haben Rituale ihren Ort. Dabei können diese archaischen Gesellschaften sehr gut zwischen Gelegenheiten unterscheiden, die man mit technischen Möglichkeiten lösen kann, und anderen, bei denen die Einsicht in die Kausalverhältnisse nicht vorliegt. Würde man den Eingeborenen vorschlagen, seine Pflanzungen durch Magie zu bestellen und sich derweil auf die faule Haut zu legen, so würde man nur ein ungläubiges Staunen oder ein verächtliches Lachen ernten. Auch der moderne Bauer heutiger Tage käme wohl kaum auf die Idee, die mühevolle Arbeit der Aussaat, der Schädlingsbekämpfung, der Pflege und des Erntens durch Opfer und Gebet zu ersetzen. Man hat auf der einen Seite einen verlässlichen Komplex des Wissens, etwa Kenntnisse über die natürlichen Wachstumsprozesse oder über die klimatischen Bedingungen mit ihren Missgeschicken und Gefahren, und auf der anderen Seite die Welt mit ihren unberechenbaren und feindlichen Einflüssen, aber auch die des nichtberechenbaren günstigen und unverdienten Geschicks.

Rituale, die der Beherrschung unbeherrschbarer Situationen gewidmet sind, imitieren ihr Resultat. Das gilt für das Fischereiritual ebenso wie für den Regentanz oder das Daumendrücken. Alle diese Akte sind Rituale der Beschwörung. Sie lösen Emotionen aus, inszenieren die Nachahmung des Gewünschten und die Vorausschau auf das Erhoffte, und verzaubern damit die Anwesenden. Man erzeugt durch die im Ritual gebrauchten Materialien wie spitze, gefährliche Waffen, übel riechende und giftige Substanzen, aber auch durch Wohlgerüche und Blumen, Tänze, Feuer und Gesänge eine Atmosphäre, die die Beteiligten an den Erfolg glauben lässt. Das rituelle Erlebnis erzeugt die Gewissheit der eigenen Macht und Leistungsfähigkeit. Es ist die gemeinsame Antwort auf die Gefahren des Schicksals.

Denn dieses – so die Hoffnung, so die Gewissheit – lässt sich beeinflussen. Das Glück gebührt nicht nur dem Tüchtigen, sondern auch dem Ritualisten. Man kann das Aberglauben nennen (Göttert). Doch können selbst wir uns vollkommen von dieser Idee lösen? »Wenn deshalb die Techniker vor dem

Start der ersten Atlas-Rakete auf Cap Canaveral wie bei der An-rufung eines Gottes oder Heiligen in einer Litanei, unter rhyth-mischen Zuckungen schreien: ›Go, Atlas, go!‹, so bricht sich die Annahme der implizit in den Dingen steckenden Intentio-nalität Bahn, und zwar gegen die sonst in unsere Kultur gültige Rationalitätsauffassung« (Hahn). Natürlich würden die Tech-niker vehement abstreiten, dass ihre Anfeuerungsrufe die Ra-kete in irgendeiner Form beeinflussen würden, aber wahr-scheinlich wären sie ebenso wenig wie die Trobriander in der Lage, eine völlig rationale Erklärung ihres Verhaltens zu lie-fern.

Auch technische Zivilisationen scheinen nicht in der Lage, Be-schwörungsformeln aus der Welt zu schaffen und die Welt lediglich aus Kausalitäten zu verstehen. Dass Menschen mit Raketen reden, verweist auf die anthropologische Konstante des Glaubens an eine animistische Welt. Wir schimpfen selbst noch im 21. Jahrhundert mit Kaffeemaschinen, Autos und Fernsehern, weil sie sich nicht unseren Wünschen und Vor-stellungen entsprechend verhalten, und unterscheiden uns dabei kaum von unseren Vorgängern, die mit Steinen, Bäu-men oder Wolken kommunizierten. Auch als Erwachsene scheinen wir nie ganz die Märchenwelt zu verlassen, in der grundsätzlich alles und jedes beseelt ist und mit allem und jedem in einem sinnvoll geordneten Zusammenhang steht. In dieser Welt hat alles eine Seele und alle kleinen Seelen sind in der großen Weltseele aufgehoben. Alle Wesen haben Gedan-ken, Intentionen, Vorstellungen, die es zu verstehen und die es, durch Rituale, zu beeinflussen gilt. Denn Rituale fordern die Welt auf mitzuspielen. Sie laden die Lagune oder die Rakete ein, doch keine Spielverderber zu sein. Rituale werden also dort ausgeführt, wo die Wissenschaft nicht mehr wei-terweiß, wo die Technik versagt und die Therapien nicht weiterkommen, um diejenigen Kräfte mit ins Boot oder an Bord zu nehmen, die für das gute Gelingen des Vorhabens von entscheidender Bedeutung sind. Natürlich wissen wir, dass die Indianer an Land veranstalten können, was sie wollen, da der Fischfang von meteorologischen und ökologischen Gegebenheiten abhängt, und natürlich wissen wir, dass Schlachtrufe Raketen nicht in den Himmel befördern, sondern eine ausgefeilte Technik, und doch richten wir uns in diesen Situationen in Ritualen an das andere, um es zu beeinflussen, es zu beschwören, ihm unsere Liebe oder unseren Hass mitzuteilen.

Dabei ist es nicht zufällig, dass sich die Südseeindianer an die Natur und die Menschen des 20. Jahrhunderts mit ihren Ritualen an die Technik wenden. Während für diese die Natur die große Unbekannte war, mit der es galt, einen *deal* auszuhandeln, ist für jene die Technik das große Rätsel, das es zu lösen gilt. Die Natur ist nur noch Objekt oder Instrument der Wissenschaft, der Ökonomie oder der Medien. Die Natur haben wir weitestgehend im Griff, sie meldet sich nur noch in Form von Katastrophen wie Überschwemmungen, Erdbeben, Stürmen und Klimaveränderungen zu Worte – denen wir wieder mit entsprechenden Ritualen begegnen, nämlich mit Flüchen, Trauergottesdiensten und Solidaritätsbekundungen. Aber die eigentlichen Katastrophen sind nun technische: Tankerunglücke, Flugzeugabstürze, Computerviren, chirurgische Kriege. Um diese unkontrollierbaren Formen der technischen Zivilisation zum Mitspielen aufzufordern, greifen nun neue Formen von Mythen, Ritualen und Technikanimismen Raum: Betroffenheitsreden, Expertenrunden, Handlungsanordnungen und Sinnstiftungsprozeduren. Das Problem, das es zu lösen gilt, besteht hier darin, dass wir nicht mehr die Natur oder Gott, sondern nur noch uns selbst beschwören können.

Wer die Daumen drückt, versucht also das Schicksal günstig zu beeinflussen. Das gilt auch für andere fromme Wünsche wie: »Hals- und Beinbruch«, »Mast- und Schotbruch«, »Glück auf«, »Petri oder Ski Heil«. Immer geht es um das Glück. Dabei kommt gerade die Etymologie des deutschen Wortes »Glück« dem Daumendrückritual entgegen. Denn Glück kommt aus dem Germanischen »lukan«, was »schließen, verschließen«, bis hin zu »abschließen, beendigen« oder auch im übertragenen Sinne »beschließen, festsetzen, bestimmen« meint. Was abgeschlossen wird, was beendet wird, was eine Sache festsetzt, das schließt sozusagen eine Lücke zwischen dem, was erwartet wird und dem, was eintrifft, zwischen Gegenwart und Zukunft, zwischen Wunsch und Wirklichkeit. Dabei ist hier weniger entscheidend, dass sich das deutsche Wort zunächst aus einem Rechtswort zu einem theologischen Schicksalsbegriff gewandelt hat, dass also nicht mehr der Menschenwille, sondern Gottes Wille oder Schicksalsmächte das menschliche Los auf Erden bestimmen und beschließen. Ob und wie das Glück waltet, als Ratschluss eines Gottes, als schicksalhafte Notwendigkeit oder als unberechenbarer Zufall, ist hier weniger relevant als die Idee, dass Glück (mhd.) *gelücke*, das Ausfüllen einer Lücke ist. Damit die Lücke nicht hohl bleibt, gibt es Beschwörungsrituale.

Rituale haben immer einen Sinnüberschuss, einen symbolischen Gehalt. In diesem Sinne gilt es noch einmal nachzufragen, was wir meinen, wenn wir jemand anderem die Daumen drücken. Dazu ein kurzer *spekulativer* Exkurs: Dieser beginnt mit einigen *hard facts* der Evolutionsbiologie. Unsere Primatenvorfahren lebten, wie bekannt, als Affen auf den Bäumen. Sie sind praktisch vierhändig, mit daumenartig großen Zehen, die alle anderen Zehen erreichen können, was sehr von Vorteil ist, wenn man sich von Ast zu Ast hangelt oder Früchte aus den oberen Baumregionen angelt, aber von Nachteil, wenn man sich auf dem Boden fortbewegen muss. Bei diesen Großenaffen muss der Daumen kurz und stummelartig sein, um nicht bei der Fortbewegung zu stören. Das sieht beim Menschen wiederum ganz anders aus. Denn die mit dem aufrechten Gang einhergehende Entwicklung von Gehirn und Hand brachte den Hominiden erstaunliche Vorteile gegenüber dem Tier. Und die Entwicklung des Daumens schließlich erbrachte noch einmal einen evolutionären Schub, da sich mit ihm eine Hand herausbildet, die zugleich leistungsfähig und zuverlässig, wie sensibel und präzise zu arbeiten in der Lage ist. Dementsprechend ist die Hand, resp. der Daumen, auch kulturwissenschaftlich enorm bedeutsam. Man vermutet, dass die Handabdrücke und Handzeichnungen in prähistorischen Felsmalereien als Stellvertreter der Person fungierten und dass sich schon früh magische und religiöse Rituale entwickelt haben, in denen die Hand eine bedeutende Rolle spielte. Von der Hand Gottes über das Händeschütteln bis hin zum Handauflegen reicht das Spektrum, das auch wir noch mit der Idee verbinden, dass sich mit den Händen Kraft, Heil und Segen auf Menschen und Objekte übertragen lässt.

Wenn wir also jemanden die Daumen drücken, erinnern wir ihn und uns daran, was uns eigentlich zu Menschen macht, unterstreichen damit die Stärke und Kraft des *homo sapiens sapiens*. Wir vergewissern uns der Tatsache, dass die Entstehung des modernen Menschen 150 000 Jahre zurückreicht und dass es die Evolution immer noch nicht geschafft hat, uns von diesem Planeten zu fegen. Es besteht also kein Grund zur Sorge: Wir drücken die Daumen.

Sündenböcke und andere Opfer

Gelegentlich müssen Opfer sein. Man verzichtet auf seine Schweinshaxe, um sein Gewicht zu reduzieren, verkneift sich den wohlverdienten Urlaub, um die eigenen vier Wände zu renovieren, reduziert seine Freizeit, um endlich länger arbeiten zu können, und bringt ein finanzielles Opfer, um sich ein lang ersehntes Luxusgut zu leisten. Opfer werden immer dann erforderlich, wenn es Probleme gibt, und Opferriten dienen hier dazu, mit den aufgetretenen Problemen umzugehen, sie an der Wurzel zu packen.

Ein allseits beliebtes Ritual ist in diesem Zusammenhang das Sündenbockritual, das eigentlich aus mehreren Dimensionen besteht. Der Sündenbock ist zunächst die volkstümliche Bezeichnung für einen Ziegenbock, den die Juden am Versöhnungstag buchstäblich in die Wüste und zwar zum Wüstendämon Asasel hinausgeschickt haben. Probaterweise hat ein Hohepriester der Ziege durch Handauflegen die Sünden des Volkes übertragen, so dass hier einerseits Unheil durch den Dämon abgewehrt wird, dem man ein Tier opfert, und andererseits die Sünden getilgt werden, indem man diese auf eine Ziege überträgt (3 Mose 16). Man kann diese Opferung des Sündenbocks als Tauschritual interpretieren, im Sinne des *do ut des*, wir geben, damit du uns in Ruhe lässt, oder im Sinne von *do quia dedesti*, wir geben, weil du uns in Ruhe gelassen hast.

Opferrituale sind also Rituale der Reinigung und der Stellvertretung. Eigentlich möchte man und sollte man etwas anderes tun, etwa Schweinshaxen essen, in Urlaub fahren und seine Schuld auf sich nehmen, doch andererseits erscheinen diese Handlungen für die Lebensführung als zu riskant, droht einem doch bei Übergewicht soziale Häme, bei Verwahrlosung der Wohnung Krach mit dem Lebenspartner und beim Aufsichnehmen der Sünden lange Leidens- und Reueprozeduren. Opferrituale sind daher Substitute des Eigenen, die, je länger man sie ausübt, umso eher ihre Ursprünge vergessen lassen.

Besonders prekär wird es, wenn es nicht um Schweinshaxen, Urlaub oder Sünden, sondern um Menschen geht, die als Sündenböcke herhalten müssen. Auch hier gilt zunächst der Reinigungseffekt, da Sündenbockrituale dieser Art dazu dienen, das Risiko zu minimieren und die Konflikte zu arrangieren. Anders formuliert, dienen Sündenbockrituale der Kanalisierung von Gewalt. Denn die mit dem Opfer verbundenen Riten haben immer mit der Gewalt zu tun, die wir gegen uns (siehe Haxe), gegen andere (siehe sozialer Sündenbock) oder gegen Gegenstände (siehe Geld) und Lebewesen (siehe Ziegenbock) entfesseln, egal, ob wir nun ein Bitt-, Brand-, Fasten-, Heils-, Jagd-, Menschen-, Speise-, Sünden-, Sühne-, Tier-, Trank-, Weihe- etc. Opfer darbringen. Wenn Opferrituale mit Gewalt zu tun haben, dann deshalb, weil Gewalt in gewissen Situationen der Anfang von allem ist. Denn am Anfang steht oftmals die Situation von zwei Menschen, die beide dasjenige begehren, das nur einmal vorhanden ist. Die Situation der mimetischen Rivalität kann nicht ohne Gewalt gelöst werden und führt letztlich zum Mord (Kain und Abel).

Ein bekanntes Modell dafür ist der Vatermord in Freuds »Totem und Tabu«. Freud geht hier von einem Gedankenmodell aus: Wir müssen uns in einer Urzeit eine Urhorde vorstellen, in der ein gewalttätiger, eifersüchtiger Vater alle Macht über die Frauen und die hiermit verbundenen Befriedigungsmöglichkeiten besitzt und seinen heranwachsenden Söhnen keine sexuellen Abenteuer gestattet. Und es kommt, wie es kommen muss: Den Söhnen platzt die Hutschnur, sie rotten sich zusammen, erschlagen und verspeisen den Vater. Freud wird an dieser Stelle geradezu euphorisch: »Die Totenmahlzeit, vielleicht das erste Fest der Menschheit, wäre die Wiederholung und die Gedenkfeier dieser denkwürdigen, verbrecherischen Tat, mit welcher so vieles seinen Anfang nahm, die sozialen Organisationen, die sittlichen Einschränkungen und die Religion.« Aber auch in den Urzeiten scheint die Befriedigung nicht unmittelbar auf der Tagungsordnung gestanden zu haben. Denn den Brüdern fällt nach verrichteter Arbeit nichts anderes ein, als sich das zu versagen, was sie eigentlich im Auge hatten, den Geschlechtsverkehr mit Mutter und Schwestern. Dazu installieren sie das Inzestverbot. Und weil sie schon einmal bei der Konstitution einer Moral waren, konzipieren sie obendrein noch das Tötungsverbot. Die Moral von der Geschichte lautet mithin, dass durch die Gewalt das Gute in die Welt kommt, dass durch die rituelle Regelübertretung (Tötung, Verspeisung, Inzest) die Regeln ihre magische Kraft bekommen und dass die Moral dort am stärksten wirkt, wo keine Befriedigung erfolgt. Weil Freud hier einen Ursprungsmythos der Gesellschaft rekonstruiert, sind wir keine Zuschauer, sondern immer noch Beteiligte dieses Dramas. Auch wir empfinden, wie die archaischen Söhne, Schuld- und Reuegefühle angesichts des verschlungenen Vaters. Der Ödipuskomplex ist nicht umsonst eine Tragödie, denn ob wir handeln oder fantasieren, letztlich entscheidend ist der Wunsch, und der ist seit Urzeiten derselbe.

Wenn also die beiden Rivalen so ähnlich geworden sind, dass sie in Ziel und Begehren zu Doppelgängern mutiert sind, gibt es nur noch die gewaltsame Lösung. Insofern kann man gewaltsame Lösungen als den Versuch verstehen, Eindeutigkeiten und Differenzen wiederherzustellen, die für Gemeinschaften entscheidend sind. Es können eben nicht alle mit der Mutter und den Töchtern schlafen. Wenn aber die Gewalt in der Welt ist, dann wird es für Gemeinschaften prekär, denn die Gewalt ist wie eine Seuche, die sich an sich selbst entzündet. Um diesem Seuchenherd Einhalt zu gebieten, braucht man wiederum Gewalt, jetzt aber eine gute, heilige Gewalt, die die unseligen Auswüchse der Gewaltepidemie eindämmt. Jetzt ist der Sündenbock im Spiel, der diese Gewalt auf sich nehmen muss. Dieser Sündenbock darf nicht aus der Gemeinschaft stammen und er darf auch nicht – und hier wird es für den modernen Betrachter schwierig – der Verursacher sein. Denn wenn sich die Gewalt innerhalb der Gemeinschaft fortsetzt, und wenn sie sich jedes Mal an demjenigen entzündet, der die Tat begangen hat, dann setzt sich die Gewalt ins Unendliche fort: Auge um Auge, Zahn um Zahn. Um diese Spirale der Gewalt einzudämmen, muss ein Ersatzopfer gefunden werden, das als Präventionsmaßnahme gegen die endemische Gewalt herhalten muss (Girard).

Der Sündenbock ist also dem Schuldigen ähnlich, eine Art monströser Doppelgänger. Dieser gehört nicht der Gemeinschaft an, ist für diese aber letztlich konstitutiv. Denn dadurch, dass man gemeinsam eine Opferung begeht, wird man erst zur Gemeinschaft. Damit bekommt das Opfer eine enorme Bedeutung, denn es kann als Ursprung der Gemeinschaft betrachtet werden. Gesellschaftliche Ursprünge aber sind heilig. Opferrituale erneuern die Ursprünge der Kultur, denn am Anfang aller Kultur steht die Gründungsgewalt als diejenige Gewalt, die den entscheidenden Unterschied festlegt, den zwischen Chaos und Ordnung, Identität und Differenz, Natur und Kultur, innen und außen. Das Opfer stellt somit nicht nur das heilige Band zwischen den Gemeinschaftsmitgliedern her, sondern knüpft auch das heilige Band mit der Transzendenz. Keine Religion ohne Opfer, kein Opfer ohne Transzendenz. Die rituelle Jagd auf Sündenböcke ist demnach so alt wie die Gesellschaft selbst.

Die Gemeinschaft entsteht also durch das Opfern, und die Jagd auf den Sündenbock dient dazu, das Zusammengehörigkeitsgefühl zu bewahren. In der Familienpsychoanalyse spricht man von einem Sündenbock im Rahmen einer Theorie des negativen Selbst. Sündenböcke gibt es somit nicht nur in archaischen Gesellschaften, sondern sozusagen nebenan. Person B stellt alles das dar, was Person A an sich verbirgt und unterdrückt, ist quasi das böse Selbst des an sich guten A – eine Konstellation, die sich in sadomasochistischen Beziehungen wunderbar rechnet. Als Sündenbock hat B für A mehrere Bedeutungen: A kann sich an ihm schuldlos ersatzbefriedigen, indem er seine Wünsche und Fantasien auf ihn projiziert; zugleich ist B für A ein willkommenes Hassobjekt, an dem er seine Selbstbestrafungstendenzen abarbeiten kann. Der Sündenbock dient hier der rituellen Selbstheilung durch Hass.

Kristallisiert sich in Familien ein solcher Sündenbock heraus, dann wird er in eine innerfamiliale Außenseiterrolle bugsiert, ohne dass er vollkommen ausgestoßen würde. Er ist nun fremd unter Einheimischen und wird in der Familie mehr und mehr isoliert. »Das ›Opfer‹ wird zu einem Leistungsversager unter Tüchtigen, zu einem Pechvogel unter Erfolgreichen, zu einem Kranken unter Gesunden, zu einem Mutlosen unter Zuversichtlichen organisiert« (Richter). In solchen symptomneurotischen Familien ist die Rolle des Sündenbocks unentbehrlich, braucht doch das Kollektiv einen Träger für sein Symptom, denn nur mit ihm lässt sich ihr labiles Gleichgewicht aufrechterhalten. Ein Mitglied muss als »Fall« definiert werden. Dieser Fall wird zum Zentrum der Familie, da sich alle mit »seinem« Symptom identifizieren können.

Überträgt man die Überlegungen zur mimetischen Rivalität auf die Situation in der Familie, wird die Sündenbockjagd durch die Spannungen erzeugt, die sich in der Familie, resp. zwischen den Eltern entwickeln. Ein Kind ist hier ein sehr geeignetes Sündenbockobjekt, da es ohnmächtig und abhängig ist und den Eltern nichts Machtvolles entgegensetzen kann, und auch, weil es keine lebenswichtigen Funktionen zu erfüllen hat: Ergo, ein Kind ist der ideale Sündenbock, es ist geeignet, das Schlechte der Familie zu symbolisieren. Wenn das Kind seine Rolle als Sündenbock zur Zufriedenheit spielt, dann hat es den Status des schwer erziehbaren, des aggressiven oder unmöglichen Kindes erreicht. Dabei wollen und müssen diese Kinder oftmals zwei sich widersprechende Botschaften gleichzeitig erfüllen. Einerseits soll das Kind es selbst sein, und man fordert es seitens der Eltern *implizit* dazu auf, gegen die Normen und Werte der (spießigen) Gesellschaft zu verstoßen – Normen, gegen die die Eltern selbst gerne opponieren würden. Andererseits klagt man dann diese Normen *explizit* gegen das Kind ein und manövriert es damit in eine Falle. Wann immer man darauf pocht, dass das Kind sich anständig verhalten soll, signalisiert man gleichzeitig, dass man es nicht ernst meint. Dieser *double bind* (Bateson) führt, versucht man logisch diesen beiden widersprechenden Botschaften gerecht zu werden, in eine schizophrene Situation. Die Eltern und die anderen Familienmitglieder können ihr Handeln gegenüber dem Sündenbock immer rationalisieren: Als Familienmitglied ist man immer mehr Opfer des ungehörigen Kindes als dieses Opfer der Familie ist. Außerdem hat es dieses Kind doch gut, denn gegenüber seinen vorsätzlichen Bosheiten verhält man sich doch ausgesprochen liberal.

So genannte »normale« Familien regeln ihre Krisen auf Dauer nicht durch die Hervorbringung eines Sündenbocks. In Familien gibt es zudem keine juristisch ausdifferenzierten institutionellen Rollen als Kläger, Anwälte, Richter und Beklagte. Trotzdem muss es Verfahren geben, die die Lösung von Konflikten regeln und schlussendlich zu einem Ergebnis kommen. Hier stellt sich die Frage, wie formelle institutionelle Verfahrensweisen, Regeln oder Anforderungen mit der Solidarität und der Gemeinschaft einer Familie in Einklang zu bringen sind. Oder anders gefragt: Wie lassen sich Sündenböcke vermeiden?

Zwangsrituale

Haben Sie nicht auch gelegentlich das Gefühl, etwas vergessen zu haben, wie z. B. die Tür abzuschließen, den Ofen, die Kaffeemaschine oder das Bügeleisen auszuschalten? Solche Situationen kommen im Alltag häufig vor und in der Regel sind die Befürchtungen umsonst, da die Tür wirklich abgeschlossen wurde, der Ofen tatsächlich ausgeschaltet war und die Kaffeemaschine seit Tagen nicht mehr betätigt worden ist. Ab und an hört man auch von Menschen, die unter einem merkwürdigen Sammelzwang leiden, sie sammeln schlicht alles: Bierdeckel, Kaffeetassen, Müll. Man betrachte einmal einschlägige Untersuchungen zur Thematik zwanghaften Verhaltens, dann stößt man auf eine ziemlich hohe Zahl, nämlich auf rund 1,5 bis 2 Millionen Menschen, die im Laufe ihres Lebens an einer Zwangserkrankung gelitten haben. Die Experten vermuten, dass diese Zahl allerdings das wahre Ausmaß des Kontrollierens, Waschens und Grübelns vor oder nach Handlungen nicht widerspiegelt; sie glauben, dass etwa zwanzig Prozent der Bevölkerung an diesbezüglichen Ängsten leidet.

Zwangsrituale erscheinen als symptomatisches Verhalten, hinter dem sich Schlimmeres, nämlich unbewusste Ängste verbergen. Symptome sind das Ergebnis eines psychischen Verarbeitungsvorgangs, den die Psychoanalytiker als Wiederkehr des Verdrängten verstehen. Zwangsrituale vermitteln Lust, denn sie sichern, dass man, wenn man sich zwanghaft verhält, wenigstens ein Minimum seiner Wünsche befriedigen kann und dass keine Schuldgefühle auftauchen. Zu den bekanntesten Phänomenen zählen der Wasch- und Reinigungszwang, der Kontrollzwang, der Ordnungszwang, der Sammelzwang und der Wiederholungszwang, wobei die Hitliste der Zwangsritualisten mit ca. 50 Prozent von den Reinigern angeführt wird, gefolgt von den Kontrolleuren mit 35 Prozent.

Zwangsrituale durchdringen oftmals das gesamte Leben der Betroffenen. Diese leben in einer Welt der ständigen Bedrohung, die durch Berührungen von Menschen und Gegenständen, durch den Kontakt mit Schmutz, Viren und Bakterien strukturiert ist. Sie bauen Präventivrituale auf, um diese Situationen zu vermeiden, um also Menschen aus dem Weg zu gehen, die Gefahr zu bannen, die eigene saubere Welt vor dem Kosmos des Schmutzes zu bewahren. Daher geht mit dem Waschzwang oft eine intensive Berührungsangst einher, die von der Idee geleitet ist, dass über bestimmte Kanäle und Verbindungen der Schmutz so tief in einen eindringt, dass er nicht mehr eliminierbar ist. Zwangsrituale mit Reinigungscharakter werden durchgeführt, um die eigene heile Welt zu erhalten, und äußern sich dementsprechend in häufigem Händewaschen oder Desinfizieren der Hände, in ständigen Körperreinigungsprozeduren, Kleidungswechseln und Säubern der Wohnung. Dem individuellen Perfektionismus sind hier keine Grenzen gesetzt. Denn wir alle wissen, dass das, was sauber ist, nicht rein sein muss.

Kontrollzwänge funktionieren nach dem Katastrophenmodell der Chaostheorie: Ein kleines Vergehen meinerseits kann eine weltweite Krise auslösen. Durch Kontrollieren und Absichern, aber auch durch Trödeln und Verzögern, Sammeln, Stapeln und Horten versucht man das Chaos zu verhindern (Hoffmann). Natürlich kosten diese Rituale enorm viel Zeit, um zu überlegen, abzuschätzen und zu entscheiden, ob, wie und was man kontrollieren muss. Gelegentlich versucht man den Zwang selbst noch zu überlisten, indem man die Abdrehrichtungen von Wasserhähnen markiert oder auch Zettel an den Ofen klebt, die das »Aus« kennzeichnen. Zwangskontrolleure zeichnen sich, wen wundert's, durch eine große Konzentrationsfähigkeit, die Vorliebe für Eindeutiges, durch Entscheidungs- und Präferenzschwierigkeiten aus. Sparsamkeit, Askese, Ordnung und Klarheit spielen bei ihnen eine wichtige Rolle.

Allerdings sollte man vorsichtig sein und nicht jeden, der sich »irgendwie« zwanghaft benimmt, direkt mit einem Zwangsneurotiker identifizieren. Denn zwischen einer methodisch strengen Lebensführung mit asketischem Grundmuster und dem Zwangsritual eines Neurotikers kann man unterscheiden, wenn man die »zeremonielle Aufladung« des Zwangsneurotikers betrachtet (Freud). Merke also: Nicht alle, die sich waschen und sich und andere kontrollieren, sind auch Zwangsneurotiker.

Nun geht die für diese Krankheit zuständige Wissenschaft, die Psychoanalyse, noch einen Schritt weiter, wenn sie die Irrungen und Wirrungen des zwanghaften Handelns in Verbindung mit den religiösen Ritualen bringt. Für sie sind Zwangshandlungen individuelle Religionen und kollektive Religionen universelle Zwangshandlungen. Die Kirche ist dementsprechend nichts anderes als eine zwangsneurotische Massenveranstaltung, in der infantile Regressionen ausgelebt werden. Wie bei den Zwangskranken finden wir auch bei den Gläubigen den Hang zum Schuldbewusstsein, der sich durch die Unterlassungen eines sorgfältig auszuführenden Rituals steigert. Den einzigen Vorteil der Religion im Unterschied zu den sonstigen zwanghaften Handlungsstrukturen sieht Freud darin, dass diese narzisstische Triebe und sozialschädliche Aggressionen unterdrückt. Die Psychoanalyse belehrt uns darüber, dass das Charakteristikum zwangsneurotische Rituale nicht bloß in deren penibler und methodischer Wiederholung, sondern in einer Art Feier besteht. Das Zwangsritual ist eine quasi gesetzliche Handlung, eine heilige *Zeremonie*, eine *Privatliturgie*. Heilig ist die Zwangshandlung deshalb, weil sie gewissenhaft ausgeführt werden muss und weil deren projektierte Unterlassung starke Schuldgefühle auslöst.

Hierzu ein instruktives Beispiel aus dem preisgekrönten Hollywood-Streifen »Besser geht's nicht« von James L. Brooks: Melvin Udall, der von Jack Nicholson gespielt wird, ist ein in New York lebender, erfolgreicher und (natürlich) exzentrischer Schriftsteller, der – wie sollte es anders sein – Liebesromane schreibt. Er gilt nicht unbedingt als netter Nachbar oder sympathischer Kumpel, sondern eher als unangenehm, bösartig, ja neurotisch. Mit seinem Nachbarn, dem schwulen Maler Simon Bishop, liefert er sich eine Art Kleinkrieg, wobei er vor allem dessen Hund Verdell hasst, weil der das tut, was Hunde immer machen, nämlich »Dreck«. Udall macht selbst keinen Dreck, denn er lebt in einer penibel aufgeräumten Wohnung, in der jedes Ding seinen Platz hat und in der selbst die Stapel von CDs und Büchern den Eindruck einer Ordnung für die Ewigkeit vermitteln.

Melvin Udall verlässt seine Wohnung nie ohne Handschuhe und nach der Rückkehr sperrt er die zwei Türschlösser je fünfmal auf und zu, um anschließend fünfmal das Licht an und aus zu machen. Danach wäscht er sich jedes Mal mehrmals ausgiebig mit mehreren Seifen, die er aus immer neuen Seifenpackungen entnimmt, die Hände, was ihm die Angst vor Ansteckung vertreibt. Die getragenen Handschuhe werden sicherheitshalber entsorgt. Im Restaurant benutzt er nur sein eigenes, selbstverständlich neues, mitgebrachtes Plastikbesteck, und er vermeidet, wo immer es geht, jeglichen Körperkontakt mit einem hingemurmelten: »Nicht berühren!« Merkwürdig ist auch sein Verhalten auf Gehwegen und Fluren, sieht er doch eine große Gefahr beim Betreten von Strichen und Begrenzungen, so dass man ihn immer im Zickzack über Fliesen und Platten laufen sieht. Insofern können ihn Hausflure mit extrem kleinen Fliesen schon an den Rand eines Nervenzusammenbruchs führen.

Natürlich gibt es auch für Melvin ein Happy-End in Gestalt der Kellnerin Carol (Helen Hunt). Sie therapiert Melvin durch Liebe, denn Liebe – Psychoanalytiker sprechen von Übertragung – heilt alle Zwänge. Folgt man dieser Therapie nicht, sollte man auch nicht dem Rat nachkommen: »Tun Sie sich keinen Zwang an!« Der Psychoanalytiker fordert keine hemmungslose Befriedigung der Begierden, sondern deren Sublimierung und Einpassung in vorgegebene kulturelle Muster in dem Sinne: »Machen Sie etwas Schönes aus Ihren Wünschen!« Damit fordert er aber nichts anderes als die Anerkennung von bestimmten sozialen und kulturellen Gesetzmäßigkeiten.

Dass man hier nicht den Teufel = Zwangsgesetze mit dem Beelzebub = kulturelle Gesetze austreibt, kann man sich an folgendem Beispiel plausibel machen: Der Zwangsritualist lässt sich mit Hilfe der Psychoanalyse als derjenige verstehen, der in permanente Selbstzweifel verstrickt ist und sich dadurch selbst im Weg steht. Er kann es sich zum Beispiel zur Maxime machen, nach dem Verzehr eines Brotes A ein Brot vom Typ B zu verspeisen; diese Maxime kann man endlos weiterverfolgen, da irgendwann nicht mehr klar ist, ob man mit A oder B angefangen hat, und ob man mit A oder doch lieber mit B aufhören sollte. Das Ende ist somit das Kardinalproblem des Zwangskranken (Rath). Wer nie fertig wird, weiß natürlich auch nicht, wann er begonnen hat, und weil man nichts mit Sicherheit weiß, kommt es zur ewigen Wiederkehr des Gleichen: Ist nun die Tür geschlossen, der Ofen aus?

Die Gesetze, die der Kranke sich auferlegt, stammen allerdings zum großen Teil nicht von außen, sondern von innen, sie sind selbst auferlegt und beziehen sich auf das Selbstverhältnis und das Verhältnis zu andern. Der Zwangsritualist erreicht mit dem peniblen Einhalten von Vorschriften, Geboten und Tabus zweierlei: Er versucht einerseits seinen eigenen Triebneigungen nicht nachzugeben, und er versucht andererseits nicht zum Objekt des Genießens des Anderen zu werden. Zwangsritualisten wollen nicht auf den Strich (siehe Melvin); sie brauchen klare und geregelte Verhältnisse, die so klar und geregelt sind, dass sie keinen Platz für Undeutlichkeiten, Ambivalenzen, Ambiguitäten, eben Striche lassen. Der Strich ist das Zeichen für soziale Ambivalenz und für sexuelle Turbulenz. Diese gilt es zu vermeiden.

Der Zwangsneurotiker lebt in seiner eigenen Welt von Gesetzen und Verboten. Dort ist er mit allem sehr penibel und genau. Aber er kümmert sich nicht um seine Vergangenheit. Im Versuch, Herr im eigenen Haus zu werden, vermeidet er die Kellergewölbe des Unbewussten. Er sucht eine Sicherheit, ein richtiges, wahres Gesetz, das ihm hilft, den Keller aufzuräumen. Hier gerät er in eine Falle: Weil er den richtigen Schlüssel, das richtige Gesetz, dazu nicht findet, versucht er wenigstens, sich selbst unter Kuratel zu stellen. Die zeremonielle Einhaltung von Handlungsabläufen ist Ausdruck des Fehlens einer verbindlichen Ordnung. Daher die rituelle Klage des Zwangsneurotikers, er käme einfach nicht zum Ziel.

Das ist das Problem der Zwangsneurose: Der Schutz vor dem Ich und dem anderen ist so stark, dass es zu guter Letzt weder das Ich noch den anderen mehr gibt, nur noch das Ritual.

Glauben und Beten

Wir alle beten hin und wieder: als Fußballer vor dem entscheidenden Spiel, als Astronauten vor dem Start in den Weltraum, als Schüler vor der nächsten Prüfung, als Mutter bei der Hochzeit der Tochter oder als Sohn für das Seelenheil des Vaters. Oftmals suchen wir zum Beten geeignete Räumlichkeiten auf, wie Kirchen, Autobahnkapellen, Friedhofshallen oder Herrschaftswinkel, doch natürlich lässt sich überall beten, am Strand und im Kaufhaus ebenso wie auf der Straße oder im Bett. Beten lässt sich auf zwei signifikant unterschiedliche Weisen: Da gibt es das Modell »Mein Wille geschehe«, in dem man Gott darum bittet, das zu tun, was man selbst für gut und richtig hält, und das Modell »Dein Wille geschehe«, man bittet Gott darum, das zu tun, was er für richtig hält. Während das erste Modell oftmals Enttäuschung und Bitterkeit zur Folge hat, ist das zweite Modell wesentlich krisensicherer, da es vor dem Hintergrund der unergründlichen Ratschläge Gottes gegen allzu hohe Erwartungen immun wird, und darüber hinaus: Wer weiß denn schon, was wofür letztendlich gut ist? Hat das Beten einen kollektiven Charakter, beten wir also gemeinsam, hat das Beten oftmals eine ausgefeilte Choreografie, in der die körperlichen Bewegungen auf einander bezogen sind, in der gemeinsam bestimmte Verse gesprochen werden und in der von kompetenten Priestern und Geistlichen Weihe- und Dankeshandlungen vollzogen werden. Das ritualisierte individuelle Beten lässt sich naturgemäß schwieriger beobachten. Zu vermuten ist, dass hier ebenso wie im kollektiven Beten bestimmte körperliche Stellungen, standardisierte verbale Formeln und auch spezifische Handlungen praktiziert werden. Rituale des Betens erschließen sich nicht auf den ersten Blick. Da scheint jemand mit der Wand zu sprechen, obwohl seine Worte eigentlich an Gott, die Schutzengel, die Märtyrer oder die Heiligen gerichtet sind.

Im kollektiven wie individuellen Beten geht es um die Beziehung zum Heiligen. Was aber ist das Heilige? Im nüchternen wissenschaftlichen Blick ist das Heilige die Vorstellung einer spezifischen Form von transzendenter Wirksamkeit und Mächtigkeit, die sich auf Gegenstände, Handlungen, Schrift, Menschen und Gemeinschaften bezieht und die mit Empfindungen der Ehrfurcht und Scheu sowie mit einem Kodex von Regeln, Normen und Tabus umgeben ist (Kamper/Wulf). Das Heilige ist das ungemein bedeutsame Andere, das unserer Ordnung von Welt zugrunde liegt und ihr einen Sinn verschafft. Die Beziehung zu ihm ist durch absolute Abhängigkeit geprägt. Dementsprechend kann das Heilige religiös, aber auch irdisch sein. Das Geld kann ebenso heilig sein wie das Auto oder der Garten, die Familie kann einem heilig sein, das Wochenende oder Weihnachten, gelegentlich sind einem die Arbeit oder auch Beziehungen heilig. Wie auch immer, das Heilige ist in der aufgeklärten Moderne nicht verschwunden. Immer noch ist das Heilige faszinierend und bedrohlich zugleich (Otto): Man erwartet von ihm Glück, Zufriedenheit und

Sorglosigkeit, weiß oder ahnt aber, dass es einem seine Gunst entziehen kann, und man einsam und unglücklich zurückbleibt. Das Heilige ist verlockend wie gefährlich, und wer sich ihm nähert, riskiert gelegentlich Leib und Leben oder zumindest seine Gesundheit. Wer nicht das erste Opfer des Heiligen werden will, muss also bestimmte Vorschriftsmaßnahmen ergreifen und Tabus beachten.

Das Beten ist ein Akt der Bindung. Dazu sind gemeinsame Erhörungs-, Bitt- und Dankgebete an die heilige Macht ein probates Ritual. Denn wir beten vor allem in existenziellen Krisensituationen: Wir beten am Morgen zu Gott, damit der Tag gelingt, oder am Abend mit Kindern, um ihnen die Angst vor der Nacht zu nehmen, oder wir beten am Mittag gemeinsam, um uns für die lebenswichtigen Nahrungsmittel zu bedanken. Im Mittelpunkt etwa des familialen Gemeinschaftsgebets steht nicht umsonst nach dem Urteil von Ethnologen und Historikern das Tischgebet. Allerdings lässt sich im letzten Jahrhundert eine Tendenz ausmachen: »Auch vor dem Mittagessen wurde gebetet und nicht wenig. Bei den Großeltern beteten wir noch das Glaubensbekenntnis und das Vaterunser. Später – man hat anscheinend immer weniger Zeit für Gott – beteten wir nur mehr das Vaterunser, dann nur noch das kurze Gebet: ›Komm Herr Jesus sei unser Gast und segne, was du uns bescheret hast!‹ Meine Familie trommle ich am Sonntag noch zu diesem Gebet zusammen. Wochentags beschränken wir uns auf ein Kreuzzeichen« (Mitterauer).

Der Ausgangspunkt des Betens ist oftmals die Angst vor dem Allein- und Verlassensein. Lesen wir hierzu in der Bibel nach: Von der Angst heißt es im Johannesevangelium, dass sie eng mit der Welt verbunden ist (Joh 16, 33). Wer also die Angst in der Welt überwinden will, sitzt einer Antinomie auf, weil die Angst die Reaktion auf die Welt selbst darstellt, kann dem Verlassensein und Verlassenwerden in der Welt nur mit dem Verlassen der Welt schlechthin begegnet werden. Wir beten zu einem Heiligen, das nicht (nur) von dieser Welt ist. Die Frage von Jesus: »Warum habt ihr mich gesucht?«(Lk 2, 49) verweist darauf, dass die Transzendenz der Ort des Unverlierbaren und des Mangels an Angst ist. Denn wer sucht, der findet auch (Lk 11, 9), und wer sich im Haus des himmlischen Vaters befindet, der kann nie verloren gehen. Wer also glaubt und betet, der ist nicht verlassen, dem kann also geholfen werden. Glauben heißt dementsprechend hoffen, dass einem geholfen wird.

Im Ritual des Glaubens und Betens geht es um die Antwort auf meine existenziellen Probleme. Diesen Glauben haben wir von Natur aus. »Das Kind lernt, indem es dem Erwachsenen glaubt. Der Zweifel kommt *nach* dem Glauben« – einem Glauben, der an sich grundlos ist (Wittgenstein). Auch unser Wissen gründet letztlich auf dem Glauben. Der Glaube ist also der grundlose Grund, der einen Mangel an Zuversicht, Sicherheit und Ordnung zu begründen und zu überwinden in der Lage ist. Wie das Unendliche und Heilige im Endlichen und Profanen Platz greifen kann, kann man nicht mehr erklären. »Auf seine einfachste Form gebracht, lautet das Problem so: Wie ist es möglich, in einer begrenzten Welt einen Sinn zu finden, wenn ich nur von meiner Taillenweite und Hemdengröße ausgehe?« (Allen) Der Glauben versichert uns in seiner Unbegründbarkeit einer Unbedingtheit. Rituale des Betens sind unwiderlegbar. Es macht durchaus Sinn, mit einer Wand zu sprechen.

Die Beerdigung

Der Tod ist ein langer Abschied. Die mit ihm verbundenen Rituale dienen dazu, diesen Abschied zu interpretieren und zu gestalten, ihn erträglich zu machen, die Beziehungen zwischen Leben und Tod zu erfassen. Die Sterberituale sind deshalb Übergangsrituale der Weiterlebenden, weil sie sich noch mit den Toten verbunden fühlen, weil sie diese immer noch als Individuen auffassen und weil sie die neu empfundene Ferne zu den Toten unerträglich finden. Sterberituale dienen dazu, den anderen Menschen nicht mehr als Menschen, sondern als Toten zu begreifen. Dazu markieren sie eine Differenz, die in unseren Breiten als Differenz von Körper und Leichnam auf der einen und Seele und Geist auf der anderen Seite bestimmt ist. Denn unsere, durch das Christentum bestimmte, Kultur hat den transitorischen Körper von der intransitorischen Seele gelöst und damit die Vorstellung des Menschen als *homo clausus* (der »geschlossene«, ganze Mensch) aufgekündigt.

Noch vor hundert Jahren starb man dort, wo man auch lebte: im eigenen Haus. Man hielt die Uhren an und stellte sich damit auf die unvergängliche Ewigkeit ein, öffnete die Fenster, damit die Seele des Toten leichter einen Zugang in den Himmel finden konnte, verhängte die Spiegel, Metapher für die narzisstische Selbstbespiegelung, damit die Seele auf ihrem Weg sich nicht eitel an weltlichen Verhältnissen ausrichtet. Danach schloss man dem Toten die Augen, weil dessen Blick nicht den Angeblickten unfehlbar mit ins Grab nahm, und schloss schließlich auch den Mund, weil die Seele zwar den Körper durch den Mund verlässt, auf gleichem Wege aber zurückkehren kann und somit aus dem Toten einen Untoten werden lässt. Die Toten wurden gewaschen, angekleidet und im eigenen Haus aufgebahrt, man hielt Totenwache, trauerte gemeinsam mit Angehörigen und Freunden bis zum eigentlichen Begräbnis, und im Dorf gab es eine tagelang andauernde Stille.

Reiner Maria Rilke beschreibt zu Beginn des 20. Jahrhunderts einen anderen Umgang mit den Sterbenden: »Dieses ausgezeichnete Hôtel ist schon sehr alt, schon zu König Chlodwigs Zeiten starb man darin in einigen Betten. Jetzt wird in 599 Betten gestorben. Natürlich fabrikmäßig. Bei so enormer Produktion ist der einzelne Tod nicht so gut ausgeführt, aber darauf kommt es auch nicht an. Die Masse macht es. Wer gibt heute noch etwas für einen gut ausgearbeiteten Tod? Niemand. Sogar die Reichen, die es sich leisten könnten, ausführlich zu sterben, fangen an, nachlässig und gleichgültig zu werden; der

Wunsch, einen eigenen Tod zu haben, wird immer seltener.« Während ehemals die Einsamkeit der Sterbenden und Trauernden im kollektiven Trauerritual aufgehoben war, sterben die Sterbenden heute oftmals einen einsamen Tod, während sich die Trauer in sehr überschaubaren individuellen Grenzen hält. Der Tod ist heute ein individuelles Ereignis, und die kollektiven Rituale um den Tod verschwinden vor allem deshalb, weil die Idee, dass alle Menschen sterblich sind, im Zeitalter der ewigen Jugendlichkeit an Attraktivität verloren hat. Der Tod ist heute kein Bestandteil des Lebens mehr, sondern ein unerklärliches Ereignis, das im Krankenhaus stattfindet. Das alltägliche Problem des Todes wird zum Problem des Gesundheitssystems, in dem sich der Tod nun mit neuen Ritualen auseinander setzen muss, mit Kosten-Nutzen-Analysen, Transplantationserfordernissen, wissenschaftlichen Technologien und Euthanasie- und Hirntoddebatten.

Frömmigkeit und Pietät sind in dieser Situation Schlagwörter aus uralten Zeiten, von denen man in der Yuppie- oder Golf-Generation nichts mehr hören will. Die Devise lautet heute: »Pay now, die later«. Hier bietet sich ein Sterbeleasing an, bei dem der Tod nur noch als Minusposten auf den monatlichen Kontoauszügen erscheint. Dennoch, wenn der Tod eintritt, herrscht allerorten Rat-, Hilf- und Trostlosigkeit. Nach den bürokratischen Üblichkeiten sind die »Hinterbliebenen« vor allem mit den sterbetechnischen Möglichkeiten überfordert. Es gilt auch hier die Maxime der Neuzeit: Schnell muss es gehen. Sterbekleid und Sarg aus dem Katalog, möglichst keine langen Grabreden oder emotionalen musikalischen Einlagen, schlichter Grabstein, kurzer Prozess, wenig Gefühle, ein Minimum an Investment. Sterberituale in der Moderne werden dabei immer noch durch den Aberglauben motiviert, dass man nicht wissen kann, wofür sie eigentlich gut sind. Es herrscht hier die pascalsche Wette in moribunder Perspektive, insofern die Vermutung gilt, dass ein halbwegs ordentliches Ritual für ein vermeintliches Jenseits immer noch besser ist, als ohne Ritual vor dem Weltenrichter zu erscheinen.

Die Zeit scheint vorbei zu sein, in der die Lücke, die der Tod hinterlässt, durch die Halt und Sicherheit gewährenden Rituale überbrückt werden muss, um den Abschied zu gestalten und das Weiterleben möglich zu machen. Dass jedes Leben in einer Katastrophe endet, scheint ein Märchen aus uralten Tagen zu sein. Denn an das Unvermeidliche wird man nur noch sporadisch erinnert. »Heimkehr« oder »Der ewige Frieden« heißen die Institutionen, die, zwischen Handyläden und Supermarktketten, an das Ende des Lebens gemahnen. Sie wirken wie Relikte aus einer anderen Zeit, in der die Rituale noch geholfen haben. Heute herrscht die Situation des *anything goes*: Jeder macht, was er will, vom buddhistischen Ritual bis hin zur Jazzfete ist auf dem Friedhof alles möglich. Oftmals stirbt man heute, wie Rilke schon bemerkte, in einer Atmosphäre der allgemeinen Beliebigkeit; man kann hier durchaus von einer Individualisierung der Trauer sprechen. Die traditionellen, oft christlichen Trauerriten werden wie Versatzstücke benutzt. Zwar bestattet man die Gestorbenen in der Regel noch auf einem Friedhof, doch verzichtet man dabei auf einen Priester und dessen Gebete und liest stattdessen aus den Tagebüchern des Verblichenen vor, intoniert statt: »In diesen grauen Gassen …« Kinderlieder, bemalt die Särge und wirft ihm statt einer Schaufel Erde (»Staub bist du und zu Staub kehrst du zurück«) eine Flasche Rotwein in Erinnerung an schöne Stunden ins Grab – wenn man nicht direkt die Asche in der Nordsee versenkt oder ins Weltall schießt: *The party must go on.* »Schampus am Grab, Jazz auf der Segeljacht, Harley Davidsons und Surfbretter, die mit dem Leichnam in die Erde, ins Meer versenkt werden, oder glitzernde Disco-Stiefeletten als Urnen. (…) Designer Särge und Urnen im Baukastensystem, in Brückenform, japanisch oder ägyptisch nachempfunden, auch quadratisch oder farbenfroh – *Schöner Sterben*« (Grefe).

Ob gut katholisch oder postmodern beliebig, diese Rituale dienen der Erfahrung des Nicht-Erfahrbaren, des Todes, dienen der Akzeptanz des Nicht-Akzeptablen, des Sterbens. Denn in einem strengen Sinne kann man nicht von einer eigenen Todeserfahrung sprechen, da kein Bewusstsein unmittelbar über den Tod belehrt, ihn denkbar und artikulierbar machen kann. Todeserfahrungen im Leben zu machen, bedeutet, die Gegenwärtigkeit des Todes im Leben wahrzunehmen, den Tod, der sich in das Leben hinein erstreckt und der sich in den Erfahrungen von Einsamkeit, Vergänglichkeit, des Bewusstseins von Sterblichkeit, Innewerden des Alterns, Unterdrückung, Verzweiflung und des Todes des anderen niederschlägt. *Die* Todeserfahrung ist immer die Erfahrung des Todes des anderen. Todeserfahrungen sind also immer Erfahrungen von Weiterlebenden, von Überlebenden (Canetti). Es geht daher hier im eigentlichen Sinne nicht um den Tod als Realität oder als Sterben, sondern um das Bewusstsein der Sterblichkeit, der Gewissheit des Todes. Das Bewusstsein des Todes gilt deshalb als eine *condito humana* schlechthin, weil mit ihm die Möglichkeit verbunden ist, das (eigene) Leben vorgreifend zu einem Ganzen zu vollenden.

Todes- und Trauerrituale sind Versuche des Umgangs mit einer für den Menschen nicht akzeptablen Grenze. Rituale sind hier erforderlich, weil Gemeinschaften extreme Krisensituationen durchleben und unakzeptable Differenzerfahrungen machen. In diesem Zusammenhang bilden Rituale einen relativ sicheren, homogenen Ablauf, in denen Gemeinschaften die mit dem Übergang vom Leben in den Tod verbundenen Trauer- und Verlustmomente verarbeiten. Daher ist die gemeinsame Trauer ungemein wichtig. Trauerrituale sind unmittelbare, nicht instrumentell auf ein konkretes reales Ziel bezogene Handlungssysteme, die nicht gleichsam als technische Mittel zu empirischen Zwecken eingesetzt werden können. Hier ist die Definition von Jean Cazaneuve hilfreich, nach dem ein Ritus ein Akt ist, »qui se repéte et dont l'efficacité est, au moins en partie, d'ordre extra empirique« (Ein Ritual ist eine wiederkehrende Handlung, dessen Effektivität sich wenigstens zu einem Teil einer nicht empirischen Ordnung verdankt). Das gemeinsame Handeln generiert eine Kraft, die über das Potenzial der Einzelnen hinausgeht und die die Einzelnen zusammenschließt und solidarisiert, eine Kraft, die außerhalb der empirischen Ordnung angesiedelt werden muss. In Ritualen werden Situationen mit Hilfe gemeinsam ausgeübter Praktiken eingeübt und geprobt, die im »realen« Leben nicht vollkommen beherrschbar und kontrollierbar sind. Man will sich dem Tod nicht passiv aufliefern und setzt ihm daher die Aktivitäten des Rituals entgegen. Todesrituale dienen vor allem der Selbstvergewisserung der Gemeinschaften. Man rückt bei Kaffee und Streuselkuchen zusammen, um sich wechselseitig zu bedeuten, dass es dennoch weitergehen wird.

Mit einem Wort: Angesichts des Todes zielen die Rituale auf Transzendenz, sie versuchen, die räumliche und zeitliche Gebundenheit des Menschen ständig zu erweitern, über das bisher Erreichte hinauszugehen. Weil der Mensch seiner Sterblichkeit bewusst ist – und weil er sich dieses Bewusstsein noch einmal bewusst machen kann –, muss er dem Tod durch kulturelle Bemühungen einen Sinn verleihen. Insofern arbeiten wir am Überleben und an einer Idee von Unsterblichkeit; wir leugnen, dass der Tod das letzte Wort hat, denn nur so können wir ihm etwas von seiner unheilvollen und erschreckenden Bedeutung nehmen.

Sterberituale sind Möglichkeiten sich mit dem Tod zu arrangieren, weil sie uns deutlich machen, dass der Tote nur eine Hülle, ein Bild seiner selbst ist. Wenn Rituale den Tod wie ein Bild rahmen, so verweisen sie auf das, was es außerhalb dieses Rahmens noch gibt: das Leben. Denn Sterberituale geben uns unsere Handlungsfähigkeit zurück. Als Opfer des Todes setzen wir der absoluten Notwendigkeit des Sterbens die Ohnmacht unserer Rituale entgegen. In einer Situation, in der schon alles entschieden ist, denn der Tod selbst ist nicht aufhebbar, versuchen wir, dem Unbegreiflichen und Nichthinnehmbaren etwas Begreifliches und Hinnehmbares entgegenzusetzen. Indem wir uns des Todes mittels Rituale symbolisch »bemächtigen«, reagieren wir, wo jede Aktion scheinbar aussichtslos erscheint. Die Todesriten geben uns durch ihren wiederholenden Charakter die Möglichkeit, auch dem Sinn-widrigen noch Sinn abgewinnen zu können. Sie nehmen uns nicht den Schmerz und die Traurigkeit, aber sie sagen uns, was zu tun ist, damit das Leben weitergehen kann. Todesriten lö-sen nicht das Problem des Todes. Aber sie geben eine Antwort auf die Frage nach dem Leben.

Literaturhinweise

Einführung

Rituale: Von der Wiege bis zur Bahre

Belliger, Andréa/*Krieger*, David J. (Hrsg.): Ritualtheorien. Ein einführendes Handbuch. Opladen/Wiesbaden 1998. *Bovenschen*, Silvia/*Bong*, Jörg (Hrsg.): Rituale des Alltags. Frankfurt a. M. 2002. *Imber-Black*, Evan/*Roberts*, Janine/*Whiting*, Richard A.: Rituals in Families and Family Therapy. New York/London 1988 (dt. Rituale in Familien und Familientherapie. Heidelberg ³1998). *Schäfer*, Alfred/*Wimmer*, Michael (Hrsg.): Rituale und Ritualisierungen. Opladen 1988. *Soeffner*, Hans-Georg: Die Ordnung der Rituale. Frankfurt a. M. 1992. *Wulf*, Christoph/*Zirfas*, Jörg (Hrsg.): Paragrana. Internationale Zeitschrift für Historische Anthropologie. Bd. 12. H. 1/2: Rituelle Welten. Berlin 2003. *Wulf*, Christoph/*Zirfas*, Jörg (Hrsg.): Die Kultur des Rituals. Inszenierungen. Kulturelle Praktiken. Symbole. München 2004.

Feiern und Feste

Der Tag der Geburt

Augustinus: De civitate Dei. Zwölftes Buch, Kapitel 21 (dt. Der Gottesstaat. München 1978, S. 98). *Duden*, Barbara/*Schlumbohm*, Jürgen/*Veit*, Patrice: Geschichte des Ungeborenen. Zur Erfahrungs- und Wissenschaftsgeschichte der Schwangerschaft, 17.–20. Jahrhundert. Göttingen 2002. *Gennep*, Arnold van: Les rites de passage. Paris 1908 (dt. Übergangsriten. Frankfurt a. M./New York 1986). *Saner*, Hans: Geburt und Phantasie. Von der natürlichen Dissidenz des Kindes. Basel 1995. *Schlumbohm*, Jürgen/*Duden*, Barbara/*Gélis*, Jacques/*Veit*, Patrice: Rituale der Geburt. Eine Kulturgeschichte. München 1998. *Sloterdijk*, Peter: Zur Welt kommen – Zur Sprache kommen. Frankfurter

Vorlesungen. Frankfurt a. M. 1988. *Solterdijk,* Peter: Sphären I. Blasen. Frankfurt a. M. 1998. *Vergil*: Ecloga IV, V. 5.

Der Ernst des Lebens oder Die Einschulung

Foucault, Michel: Surveiller et punir. La naissance de la prison. Paris 1975 (dt. Überwachen und Strafen. Die Geburt des Gefängnisses. Frankfurt a. M. 1977). *Lenzen*, Dieter: Mythologie der Kindheit. Die Verewigung des Kindlichen in der Erwachsenenkultur. Versteckte Bilder und vergessene Geschichten. Reinbek bei Hamburg 1985. *Neumann*, Norbert: Lerngeschichte der Uhrenzeit. Pädagogische Interpretationen zu Quellen von 1500 bis 1930. Weinheim 1993, S.132. *Pädagogik*. 51. Jg. 1999. H. 4: Rituale in Schule und Unterricht. *Wellendorf*, Franz: Schulische Sozialisation und Identität. Zur Sozialpsychologie der Schule als Institution. Weinheim/Basel 1973. *Zirfas*, Jörg: Die Inszenierung einer schulischen Familie. Zur Einschulungsfeier einer reformpädagogischen Grundschule. In: Wulf, Christoph u. a.: Bildung im Ritual. Schule, Familie, Jugend, Medien. Opladen 2004.

Pubertätsriten

Benjamin, Walter: Allegorien kultureller Erfahrung. Ausgewählte Schriften 1920–1940. Hrsg. v. S. Kleinschmidt. Leipzig 1984, S. 9. *Eliade*, Mircea: Naissances mystiques. Essai sur quelques types d'initiation. Paris 1959 (dt. Das Mysterium der Wiedergeburt. Zürich/Stuttgart 1961). *Gennep*, Arnold van: Les rites de passage. Paris 1908 (dt. Übergangsriten. Frankfurt a. M./New York 1986, S.112 f.). *Griese*, Hartmut M. (Hrsg.): Übergangsrituale im Jugendalter. Münster/Hamburg/London 2000. *Kirbach*, Roland: Ritzen, Sex und Meerschweinchen. Pubertät im Jahr 2002. In: Die Zeit, Nr. 33, 8. August 2002, S. 9–12. *Klosinski*, Günter (Hrsg.): Pubertätsriten. Äquivalente und Defizite in unserer Gesellschaft. Bern/Stuttgart/Toronto 1991. *Turner*, Victor: The Ritual Process. Structure and Anti-Structure. New York 1969 (dt. Das Ritual. Struktur und Anti-Struktur. Frankfurt a. M./New York 1989). *Wulf*, Christoph u. a.: Bildung im Ritual. Schule, Familie, Jugend, Medien. Opladen 2004.

Die Traumhochzeit

Ariès, Philippe: Die unauflösliche Ehe. In: Ders. u. a.: Die Masken des Begehrens und die Metamorphosen der Sinnlichkeit. Zur Geschichte der Sexualität im Abendland. Frankfurt a. M. 1984, S. 176–196. *Beil*, Brigitte: Schlummertuch und Hochzeitstag. Rituale in der Familie. München 1997. *Bourdieu*, Pierre: Les rites comme actes d'institution. In: Actes de la recherche en sciences sociales. 43. Jg. 1982, S. 58–63. *Butler*, Judith: Boddies that matter. New York 1993 (dt. Körper von Gewicht. Frankfurt a. M. 1998). *Hettlage*, Robert: Familienreport. München 1998. *Métral*, Marie O.: Le mariage. Paris 1977 (dt. Die Ehe. Analyse einer Institution. Frankfurt a. M. 1981). *Müller-Doohm*, Stefan/*Neumann-Braun*, Klaus (Hrsg.): Kulturinszenierungen. Frankfurt a. M. 1995.

Unterm Tannenbaum

Audehm, Kathrin/*Zirfas*, Jörg: Familie als ritueller Lebensraum. In: Wulf, Christoph u. a.: Das Soziale als Ritual. Zur performativen Bildung von Gemeinschaften. Opladen 2001, S. 37–116. *Gadamer*, Hans-Georg: Die Aktualität des Schönen. Kunst als Spiel, Symbol und Fest. Stuttgart 1995, S. 52. *Koschorke*, Albrecht: Die Heilige Familie und ihre Folgen. Frankfurt a. M. ²2000. *Naumann*, Michael: Der Gott, der uns fehlt. Märchenfilme und fromme Kantaten im Supermarkt der religiösen Gefühle. In: Die Zeit, Nr. 52, 19.12.2001, S. 1. *Platon*: Nomoi, 721c. *Schleiermacher*, Friedrich Daniel Ernst: Die Weihnachtsfeier. Ein Gespräch (1806). Zürich 1989.

Karneval

Brog, Hildegard: D'r Zoch kütt! Die Geschichte des rheinischen Karnevals. Frankfurt a. M. 2000. *Eliade*, Mircea: Le mythe de l'éternel retour: Archétypes et répétition. Paris 1949 (dt. Kosmos und Geschichte. Der Mythos der ewigen Wiederkehr. Frankfurt a. M. 1986). *Goffman*, Erving: The Presentation of Self in Everyday Life. New York 1959 (dt. Wir alle spielen Theater. Die Selbstdarstellung im Alltag. München 1983). *Heers*, Jacques: Fêtes des fous et Carnavals. Paris 1983 (dt. Vom

Mummenschanz zum Machttheater. Europäische Festkultur im Mittelalter. Frankfurt a. M. 1986).
Lied: *Höhner*: Lust auf Leben. 1996.

Silvester

Alain: Propos sur le bonheur. Paris 1928 (dt. Die Pflicht, glücklich zu sein. Frankfurt a. M. 1984). *Hölscher*, Lucian: Die Entdeckung der Zukunft. Frankfurt a. M. 1999.

In der Familie

Am Tisch

Audehm, Kathrin/*Zirfas*, Jörg: Die Familie als performative Gemeinschaft. In: Schuhmacher-Chilla, Doris/Liebau, Eckart/Wulf, Christoph (Hrsg.): Anthropologie Pädagogischer Institutionen. Weinheim 2001, S. 107–125. *Furtmayr-Schuh*, Anneliese: Food-Design statt Eßkultur. Postmoderne Ernährung. München 1996, S. 39. *Jons*, Ute: Familienrituale – Zwang oder Chance. Hall (Tirol) 1997. *Novalis*: Werke, Briefe, Dokumente. 2 Bände. Hrsg. v. Erich Wasmuth. Heidelberg 1957, Bd. 1, S. 27 f. *Keppler*, Angela: Tischgespräche. Über Formen kommunikativer Vergemeinschaftung am Beispiel der Konversation in Familien. Frankfurt a. M. ²1995. *Kleinspehn*, Thomas: Warum sind wir so unersättlich? Frankfurt a. M. 1987. *Langer*, Susanne K.: Philosophy in a New Key. A Study in Symbolism of Reason, Rite, and Art. Cambridge (Mass.) 1942 (dt. Philosophie auf neuem Wege. Das Symbol im Denken, im Ritus und in der Kunst. Frankfurt a. M. 1984, S. 158). *Lévi-Strauss*, Claude: Mythologques III. L'Origine des manières de table. Paris 1968 (dt. Mythologica III. Der Ursprung der Tischsitten. Frankfurt a. M. 1976, S. 504 ff.).

Fernsehen

Luhmann, Niklas: Die Realität der Massenmedien. Opladen 1995, S. 94. *Lyotard*, Jean-François: La condition postmoderne. Paris 1979 (dt. Das postmoderne Wissen. Ein Bericht. Wien/Köln/Graz 1986). *Martenstein*, Harald: Das hat Folgen. Deutschland und seine Fernsehserien. Leipzig 1996. *Pross*, Harry/*Rath*, Claus-Dieter: Rituale der Medienkommunikation. Berlin 1983. *Schanze*, Helmut: Fernsehserien als Ritual. Ritualisierung des Fernsehens. In: Paragrana. Internationale Zeitschrift für Historische Anthropologie. Bd. 12. H. 1/2: Rituelle Welten. Berlin 2003, S. 586–598. *Thomas*, Günther: Medien. Ritual. Religion. Frankfurt a. M. 1998.
Video: Tagesschau. ARD. 20.00 Uhr. Täglich.

Der Ernst des Spiels

Bateson, Gregory: A Theory of Play and Fantasy. In: Approaches to the Study of Human Personality. Mexico City 1955, pp. 39–51 (dt. Eine Theorie des Spiels und der Phantasie. In: Ders.: Ökologie des Geistes. Frankfurt a. M. 1981, S. 241–261). *Caillois*, Roger: Les jeus et les hommes. Le masque et le vertige. Paris 1958 (dt. Die Spiele und die Menschen. Maske und Rausch. Stuttgart 1960). *Gebauer*, Gunter/*Wulf*, Christoph: Spiel – Ritual – Geste. Mimetisches Handeln in der sozialen Welt. Reinbek 1998. *Huizinga*, Johan: Homo ludens. Vom Ursprung der Kultur im Spiel (1938). Reinbek 1997, S. 50. *Scheuerl*, Hans: Das Spiel. Untersuchungen über sein Wesen, seine pädagogischen Möglichkeiten und Grenzen. Weinheim/Berlin 1954. *Schiller*, Friedrich: Über die ästhetische Erziehung des Menschen. Tübingen 1795, 15. Brief (Schillers Werke. Nationalausgabe. 20. Bd. Philosophische Schriften. 1. Teil. Weimar 1962, S. 359).

Porzellan zerschlagen oder Wie streite ich richtig?

Albee, Edward: Who's afraid of Virginia Woolf? New York 1962 (dt. Wer hat Angst vor Virginia Woolf …? Frankfurt a. M. 1963, S. 12, 13, 63 f.). *Baslé*, Brigitte/*Maar*, Nele: Alte Rituale – Neue Rituale. Geborgenheit und Halt im Familienalltag. Freiburg/Basel/Wien 1999.

Hobbes, Thomas: Leviathan, ore the Matter, Forme & Power of a Common-Wealth Ecclesiastical and Civill. London 1651 (dt. Leviathan oder Stoff, Form und Gewalt eines kirchlichen und bürgerlichen Staates. Frankfurt a. M. 1984, S. 96). *Watzlawick*, Paul/*Beavin*, Janet H./ *Jackson*, Don D.: Pragmatics of Human Communication. A Study of Interactional Patterns, Pathologies and Paradoxes. New York 1967 (dt. Menschliche Kommunikation. Formen, Störungen, Paradoxien. Bern u. a. ⁹1996). *Wulf*, Christoph u. a.: Das Soziale als Ritual. Zur performativen Bildung von Gemeinschaften. Opladen 2001.

Gute Nacht!

Berger, Peter L.: A Roumor of Angels. Modern Society and the Rediscovery of the Supernatural. New York 1969 (dt. Auf den Spuren der Engel. Die moderne Gesellschaft und die Wiederentdeckung der Transzendenz. Frankfurt a. M. 1981). *Diekemper*, Elisa/*Reimann-Höhn*, Uta: Rituale geben Sicherheit. Wie Kinder Vertrauen gewinnen. Freiburg/Basel/Wien 2000. *Finkielkraut*, Alain: La sagesse de l'amour. Paris 1984 (dt. Die Weisheit der Liebe. München/Wien 1987, S. 18). *Heidegger*, Martin: Sein und Zeit. Tübingen 1927, § 40. *Proust*, Marcel: A la recherche du temps perdu: Du côté de chez Swann. Paris 1913 (dt. In Swanns Welt. Auf der Suche nach der verlorenen Zeit. Erster Teil. Frankfurt a. M. 1981, S. 11 f.). *Winnicott*, Donald W.: Playing and Reality. London 1971 (dt. Vom Spiel zur Kreativität. Stuttgart 1974).

Situationen und Traditionen

Eine bürgerliche Einladung

Bourdieu, Pierre: La distinction. Critique sociale du jugement. Paris 1979 (dt. Die feinen Unterschiede. Kritik der gesellschaftlichen Urteilskraft. Frankfurt a. M. 1987). *Eltz*, Johann von: Das goldene Anstandsbuch. Ein Wegweiser für die gute Lebensart zu Hause, in der Gesellschaft und im öffentlichen Leben. Essen ⁴1906, S. 403, 417. *Goffman*, Erving: The Presentation of Self in Everyday Life. New York 1959 (dt. Wir alle spielen Theater. München 1983). *Marx*, Groucho: The

Groucho Letters. New York 1967 (dt. Die Groucho-Letters. Frankfurt a. M. 1984, S. 6). *Kant*, Immanuel: Anthropologie in pragmatischer Hinsicht. Königsberg 1798, § 59 (Werkausgabe Bd. XII. Frankfurt a. M. 1982, S. 620 ff.). *Kayed*, Christian: Gast sein. Ein Lesebuch. Bonn 2003. *Stagl*, Justin: Zur Soziologie der Gastfreundschaft anhand einer bürgerlichen Einladung. In: Sociologia Internationalis. Bd. 34. H. 2. Berlin 1996, S. 129–150, S. 136 f. *Merz-Benz*, Peter-Ulrich/*Wagner*, Gerhard (Hrsg.): Der Fremde als sozialer Typus. Konstanz 2002.

Frühjahrsputz

Bataille, Georges: L'Érotisme. Paris 1957 (dt. Der heilige Eros. Reinbek 1984, S. 54). *Corbin*, Alain: Le Miasme et la jonquille. L'odorat et l'imaginaire social XVIIIe–XIXe siècles. Paris 1982 (dt. Pesthauch und Blütenduft. Eine Geschichte des Geruchs. Frankfurt a. M. 1988, S. 299, 304). *Douglas*, Mary: Purity and Danger: An Analysis of concepts of Pollution and Taboo. New York 1966 (dt. Reinheit und Gefährdung. Frankfurt a. M. 1988, S. 15 f.). *Douglas*, Mary: Natural Symbols. Explorations in Cosmology. London 1970 (dt. Ritual, Tabu und Körpersymbolik. Sozialanthropologische Studien in Industriegesellschaft und Stammeskultur. Frankfurt a. M. 1974). *Menninghaus*, Winfried: Ekel. Theorie und Geschichte einer starken Empfindung. Frankfurt a. M. 1999. *Zirfas*, Jörg: Tabu. In: Der Blaue Reiter. Journal für Philosophie. H. 10: Götter. Stuttgart 1999, S. 76–77.

Arbeit ist das ganze Leben

Arendt, Hannah: The Human Condition. Chicago 1958 (dt. Vita Activa. München 1981, S. 11 f.). *Hegel*, Georg Wilhelm Friedrich: Phänomenologie des Geistes. Bamberg 1807 (Frankfurt a. M. 1970, S. 265). *Reheis*, Fritz: Die Kreativität der Langsamkeit: neuer Wohlstand durch Entschleunigung. 2., überarbeitete Auflage. Darmstadt 1998. *Sennett*, Richard: The Corrosion of Character. New York 1998 (dt. Der flexible Mensch. Die Kultur des neuen Kapitalismus. Berlin 1998). *Smith*, Adam: An Inquiry into the Nature and Causes of the Wealth of Nations. London 1776 (dt. Der Wohlstand der Nationen. München 1978). *Weber*, Max: Gesammelte Aufsätze zur Religionssoziologie. Tübingen

1920 (Die protestantische Ethik. Gütersloh 1991). *Wulf*, Christoph: Geste und Ritual der Arbeit. In: Paragrana. Internationale Zeitschrift für Historische Anthropologie. Bd. 6. H. 2: Leben als Arbeit? Berlin 1996, S. 9–22.

Reisen bildet

Augé, Marc: Non-Lieux. Introduction à une anthropologie de la surmodernité. Paris 1992 (dt. Orte und Nicht-Orte. Vorüberlegungen zu einer Ethnologie der Einsamkeit. Frankfurt a. M. 1994). *Button*, Alain de: The Art of Travel. London 2002 (dt. Kunst des Reisens. Frankfurt a. M. 2003, S. 70). *Homer*: Odyssee. Dreizehnter Gesang, Z. 187–200. *Prahl*, Hans-Werner/*Steinecke*, Albrecht: Tourismus. Arbeitstexte für den Unterricht. Stuttgart 1995. *Schütz*, Alfred: The Homecomer. In: American Journal of Sociology. 50. Jg. 1945, S. 363–376 (dt. Ders.: Gesammelte Aufsätze. Bd. 2.: Studien zur soziologischen Theorie. Den Haag 1972, S. 70–84). *Tyler*, Anne: The Accidental Tourist. New York 1985. *Virilio*, Paul: L'horizon négatif. Paris 1984 (dt. Der negative Horizont. Bewegung, Geschwindigkeit, Beschleunigung. Frankfurt a. M. 1995).

Mach mal ein Foto!

Assmann, Jan: Das kulturelle Gedächtnis. Schrift, Erinnerung und politische Identität in frühen Hochkulturen. München 1993. *Barthes*, Roland: La chambré claire. Notes sur la photographie. Paris 1980 (dt. Die helle Kammer. Bemerkungen zur Photographie. Frankfurt a. M. 1985). *Belting*, Hans: Bild-Anthropologie. Entwürfe für eine Bildwissenschaft. München 2001. *Brauchitsch*, Boris von: Kleine Geschichte der Fotografie. Leipzig 2002. *Seel*, Martin: Ästhetik des Erscheinens. Frankfurt a. M. 2000. *Sontag*, Susan: On photography. New York 1977 (dt. Über Fotografie. Frankfurt a. M. 1980).
Lied: *Hagen*, Nina: Du hast den Farbfilm vergessen. 1974.

Malaisen, Miseren, Krisen, Katastrophen

Peinlichkeiten und taktvolle Erwiderungen

Adorno, Theodor W.: Zur Dialektik des Takts. In: Minima Moralia. Frankfurt a. M. 1951, S. 36–39, S. 38. *Elias*, Norbert: Über den Prozeß der Zivilisation. Soziogenetische und psychogenetische Untersuchungen. 2 Bde. Bern 1969, Bd. 1, S. 183. *Greenblatt*, Stephen: Learning to course. New York 1990 (dt. Schmutzige Riten. Betrachtungen zwischen Weltbildern. Berlin 1991). *Hahn*, Alois: Kultische und säkulare Riten und Zeremonien in soziologischer Sicht. In: Ders. u. a.: Anthropologie des Kults. Freiburg/Basel/Wien 1977, S. 51–81. *Hahn*, Alois: Reden und Schweigen. In: Paragrana. Internationale Zeitschrift für Historische Anthropologie. Bd. 8. H. 1: Askese. Berlin 2001, S. 204–230.

Ich drücke dir die Daumen

Göttert, Karl-Heinz: Daumendrücken. Der ganz normale Aberglauben im Alltag. Leipzig 2003. *Hahn*, Alois: Kultische und säkulare Riten und Zeremonien in soziologischer Sicht. In: Ders. u. a.: Anthropologie des Kults. Freiburg/Basel/Wien 1977, S. 51–81, S. 62. *Harris*, Marvin: Our Kind. New York 1977 (dt. Wie wir wurden, was wir sind. München 1996). *Malinowski*, Bronislaw: Magic, Science and Religion. And Other Essays. New York 1948 (dt. Magie, Wissenschaft und Religion. Und andere Schriften. Frankfurt a. M. 1983, S. 16). *Ressel*, Hildegard: Die Macht der Gewohnheit. Von der heilsamen Kraft unserer täglichen Rituale. Zürich 1996. *Zirfas*, Jörg: Präsenz und Ewigkeit. Eine Anthropologie des Glücks. Berlin 1993.

Sündenböcke und andere Opfer

Audehm, Kathrin/*Zirfas*, Jörg: Performative Gemeinschaften. Zur Bildung der Familie durch Rituale. In: Sozialer Sinn. 1. Jg., H. 1. Opladen 2000, S. 29–50. *Bateson*, Gregory u. a.: Schizophrenie und Familie. Frankfurt a. M. 1984. *Freud*, Sigmund: Totem und Tabu. Einige Übereinstimmungen im Seelenleben der Wilden und der Neurotiker. Wien

1912/13 (Studienausgabe. Bd. IX. Frankfurt a. M. 1982, S. 287–444, S. 426). *Girard*, René: La violence et le sacre. Paris 1972 (dt. Das Heilige und die Gewalt. Frankfurt a. M. 1992). *Girard*, René: Le bouc émissaire. Paris 1982 (dt. Der Sündenbock. Zürich 1988). *Janowski*, Bernd/*Welker*, Michael (Hrsg.): Opfer. Theologische und kulturelle Kontexte. Frankfurt a. M. 2000. *Richter*, Horst-Eberhard: Patient Familie. Reinbek bei Hamburg 1970, S. 60.

Zwangsrituale

Freud, Sigmund: Zwangshandlungen und Religionsausübung. Wien 1907 (Studienausgabe Bd. VII. Frankfurt a. M. 1982, S. 13–21). *Hoffman*, Nicolas: Zwangshandlungen erkennen, verstehen und überwinden. Zürich 1999. *Rath*, Claus-Dieter: Private und kollektive Rituale. In: Paragrana. Internationale Zeitschrift für Historische Anthropologie. Bd. 12. H. 1/2: Rituelle Welten. Berlin 2003, S. 405–422. *Vandermeersch*, Patrick: Psychotherapeutische Rituale. In: Belliger, Andreá/Krieger, David J. (Hrsg.): Ritualtheorien. Ein einführendes Handbuch. Opladen/Wiesbaden 1998, S. 435–447. *www.panik-attacken.de*. Video: *Brooks*, James L.: As good as it gets. USA 1997 (dt. Besser geht's nicht. 1998).

Glauben und Beten

Allan, Woody: Side Effects. New York 1975 (dt. Nebenwirkungen. Reinbek 1983, S. 55). *Heiler*, Fritz: Die Religionen der Menschheit. Hrsg. v. K. Goldammer. Stuttgart ⁵1991. *James*, William: The Varieties of Religious Experience. New York 1901/02 (dt. Die Vielfalt religiöser Erfahrung. Frankfurt a. M./Leipzig 1997). *Kamper*, Dietmar/*Wulf*, Christoph (Hrsg.): Das Heilige. Seine Spur in der Moderne. Frankfurt a. M. 1987. *Mitterauer*, Michael: Dimensionen des Heiligen. Annäherungen eines Historikers. Wien 2000, S. 41. *Otto*, Rudolf: Das Heilige. Über das Irrationale in der Idee des Göttlichen und sein Verhältnis zum Rationalen (1917). München 1991. *Wittgenstein*, Ludwig: Über Gewißheit. On Certainty. Hrsg. v. G. E. M. Anscombe u. G. H. v. Wright. Oxford 1969 (Frankfurt a. M. 1984, S. 49, 51).
Die Beerdigung

Ariès, Philippe: L'homme devant la mort. Paris 1978 (dt. Geschichte des Todes. München [9]1999). *Assman*, Jan: Der Tod als Thema der Kulturtheorie. Frankfurt a. M. 2000. *Barloewen*, Constantin von (Hrsg.): Der Tod in den Weltkulturen und Weltreligionen. Frankfurt a. M.Leipzig 2000. *Bauman*, Zygmunt: Mortality, immortality and other life strategies. Cambridge/Oxford 1992 (dt. Tod, Unsterblichkeit und andere Lebensstrategien. Frankfurt a. M. 1994). *Cazaneuve*, Jean: Les rites et la condition humaine. Paris 1958, S. 4. *Durkheim*, Émile: Les formes élémentaires de la vie religieuse. Paris 1912 (dt. Die elementaren Formen des religiösen Lebens. Frankfurt a. M. 1994). *Grefe*, Christiane: Sonst kämen die Geier. In: Michel, Karl Markus/Spengler, Tilmann (Hrsg.): Todesbilder. Berlin 1993, S. 61–69, S. 69. *Rilke*, Rainer Maria: Die Aufzeichnungen des Malte Laurids Brigge (1910). Frankfurt a. M. [14]1991, S. 11 f.

Andreas Brenner
Jörg Zirfas
Lexikon der Lebenskunst

375 Seiten. RBL 20015. € 13,50

ISBN 3-379-20015-8

Die Philosophie der Lebenskunst erlebt eine Renaissance. Zur Debatte steht heute nicht mehr nur die klassische Frage der Ethik, was wir tun sollen, sondern die Frage, wie wir leben können. Das Buch stellt sich allen relevanten lebenspraktischen Problemfeldern, bietet philosophische Anleitung, übt uns in der Kunst aller Künste.

Aus dem Inhalt: Älter werden, Angst haben, Essen und Trinken, Ekel empfinden, Geduld haben, Glück haben, Grausam werden, Lust empfinden, Siechen und Sterben, Freiheit und Gemeinschaft und vieles mehr.

»Von diesem Buch kann man in vielen Lebenslagen profitieren – ohne dass es einem Heilsversprechen macht.«
Darmstädter Echo

»Das Werk ist äußerst lesenwert: Aufschlussreich und nützlich sind die Literaturhinweise. Das ›Lexikon der Lebenskunst‹ weckt die Lust zum Weiterlesen und Weiterdenken.«
AGORA, Das Philosophenmagazin

RECLAM
LEIPZIG

Philosophie der Freude

Herausgegeben von Detlev Schöttker

233 Seiten. RBL 20079 € 9,90

ISBN 3-379-20079-4

Heiterkeit, Lust, Vergnügen oder Wohlbefinden sind die Stiefkinder der Philosophie der Gegenwart. Die Auseinandersetzungen mit dem negativen Spektrum der Gefühle, wie Angst, Sorge oder Melancholie, dominieren. Die Heiterkeit steht im Verruf, oberflächlich, falsch und vor allem gedankenlos zu sein.

Detlev Schöttker regt mit repräsentativen Beiträgen namhafter Autoren eine neue Debatte zur *Philosophie der Freude* an: Mit Texten von Theodor W. Adorno, Michail Bachtin, Karl-Heinz Bohrer, Sigmund Freud, Axel Honneth, Wilhelm Schmid, Peter Sloterdijk, Harald Weinrich und vielen anderen.

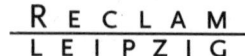

R E C L A M
L E I P Z I G

Denn jeder sucht ein All

Vom Sinn des Lebens

Herausgegeben von Beatrix Gotthold und
Christian Thies
256 Seiten. RBL 20048. € 10,90
ISBN 3-379-20048-4

»Wozu bin ich auf der Welt? Lässt sich in dieser Welt ein Sinn entdecken? Einsichten und Antworten auf die Sinnfrage liefert dieser
Sammelband. Nachdem überlieferte Religionen und geschlossene
Weltbilder an Orientierungskraft verloren haben, stellen sich die uralten Menschheitsfragen dringlicher denn je. Die Herausgeber haben
philosophische und literarische Texte aus zwei Jahrhunderten zusam-
mengetragen.
Antworten auf die existenzielle Frage nach dem Sinn des Lebens geben Texte von Schopenhauer und Adorno, Gedichte von Platen bis
Biermann, Erzählungen, Interviews und Aphorismen.«
Psychologie heute